KB125574

나는 인생의
아주 기본적인 것부터
바꿔보기로 했다

나는 WISE AS FU*K 인생의

개리 비숍 지음 | 이지연 옮김

아주 기본적인 것부터 바꿔보기로 했다

동기부여 천재 **개리 비숍**이 던지는 **지혜의 직격탄**

갤리온
GALLEON

어디에 있든, 무슨 일을 하든

길은 있습니다.

더 나은 삶을 원하는 모든 이들에게 바칩니다.

CONTENTS

CHAPTER 1

하찮은 불운 따위에
짓눌리지 않는 삶을 위하여

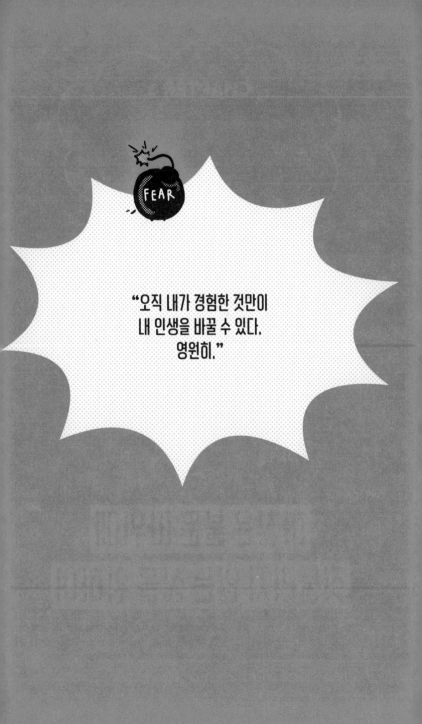

당신이 겪고 있는 그 엿 같은 상황이 무엇이건 간에 한 가지는 분명하다. 지금까지 어느 누구도 거기에 대처하는 법을 알려준 적이 없다는 사실이다.

어디서 나타났는지도 모르게 삶이라는 놈이 슬금슬금 다가와 인정사정없이 귀싸대기를 날리면 당신은 그냥 꼼짝 못 하고 그 자리에서 멈출 수밖에. 당최 분명한 건 무엇이고 마음의 평화는 어디 있단 말인가?

엉망진창인 상황을 정리하고, 불안을 잠재우고, 잠들어 있는 삶의 가능성을 깨우려면 대체 어떻게 해야 할까? 그러면서도 동시에 직장, 연애, 가족, 다이어트, 과거, 미래, 기타 온갖 것들이 주는 일상에서의 압박과도 싸워나가야 하는데 말이다. 아, 그리고 팬데믹인가 뭔가 하는 전 세계적으로 번진 슈퍼 바이러스도 있지.

문제는 우리가 누구에게나 닥칠 수 있는 여러 사건, 사고에 대처할 장비를 제대로 갖추고 있지 못하다는 점이다.

혼돈 속에 이리 치이고, 저리 치이는 게 우리가 원하는 상황은 절대 아니다. 독버섯 같이 자기파괴적인 연애, 비전이 보이지 않는 막막한 커리어에 붙들려 있고 싶은 사람이 누가 있을까? 우리는 하루하루 앞으로 나아가고 싶다. 보다 단순하고 명확하게 살 수 있는 방법을 알고 싶다. 단지 더 잘 살 수 있게 도움을 받고 싶은데 대체 어디서 그 도움을 받을 수 있는지, 어떻게 해야 옳은 결정을 내릴 수 있는지 모를 뿐이다.

어떤 경우에는 너무 오래 지속되는 고질적인 문제 때문에 다른 건 아무것도 보이지 않을 때도 있다. 엿 같은 일들이 집요하게도 줄기차게 벌어져 그냥 엿 같은 인생이 되어버릴 수도 있다. 하늘은 늘 잿빛이고 삶은 원래가 그렇다고 생각하면서.

그래서 우리는 그냥 생긴 대로 산다. 조금도 더 현명해지지 않는다.

"내가 현명해지지 않았다고? 아니아니, 나도 인생을 살만큼 살았고 겪을 만큼 겪었어. 분명히 더 현명해졌다고."

글쎄. 잘 생각해보면 뜨거운 불에 데인 뒤 '다시는 그러지 않을 거야'라고 다짐하는 것을 딱히 지혜라고 부르긴 어렵다. 그건 그냥 인생의 좋은 경험 정도다. 다섯 살짜리 우리 아들에게도 이미 그런 경험은 있지만, 그 애는…… 여전히 다섯 살이다.

그리고 그런 경험은 다른 경우에 무작정 적용할 수도 없다. 그래, 뜨거운 가스레인지에 다시는 손을 대지 않겠다는 것까지는 좋다. 하지만 두 번 다시 사랑이나 기회, 위험에 덤벼들 생각을 하지 않는다면 자신의 행동에 발목이 잡혀 새장에 갇히는 신세가 될 수도 있다. 지극히 지루하고 겁먹은 사람이 되어버리는 일이다.

진짜 지혜는

결코 사라지지 않는다

지혜는 사고의 기초가 되고 인생의 우여곡절 속에서도 변함없이 지침으로 삼을 수 있는 여러 관점의 집합이다. 이 진리들은 우리가 의사 결정을 내리고 갈림길에서 어느 길을 택할지 고민할 때 명확한 기준이 되어줄 뿐만 아니라 다음 단계, 그다음 단계에서 추호의 의심도 없이 행동하게 만든다.

이러한 지혜가 당신 삶에 뿌리를 내리게 하려면 숙고라는 과정이 필요하다. 멋진 점은 진짜 지혜는 결코 사라지지 않는다는 사실이다. 벼락같은 통찰처럼 무언가를 직접 발견하는 순간, 그 전으로는 절대 되돌아갈 수 없다. 이는 발견에서 그치지 않는다. 당신은 그 지혜로 이후의 삶을 일구고 살아가게 된다. 지혜와 지식은 바로 여기에서 명백히 구분된다. 책을 읽고 외우는 일은 누구라도 할 수 있겠지만, 거기서 무언가를 깨닫고 그것을 바탕으로 살아가는 일은 아무나 할 수 있지 않다.

삶의 한가운데서 깊이 숙고하여 진리를 발견하려면 어느 정도의 노력이 필요하다. 사실 그보다는 요령을 찾는 편이 더 쉬워 보인다. 하지만 그런 요령은 수박 겉핥기처럼 피상적인 삶의 표면만을 훑기 때문에 효과가 없다는 점이 문제다. 우리는 바닥을 쳐보지 않은 채로 즉답을 얻고 싶어 한다. 무한한 지혜는 바로 그 바닥에 있는데 말이다. 성공 비법 5단계 따위가 어느 순간 무너져버리는 이유는 당신이 문제의 근원까지 가닿은 적이 없기 때문이다. 누구나 간단한 답을 원한다. 스스로 정립한 세계를 벗어나 혼란을 겪고 싶지 않기 때문이다.

누가 사전 한 권을 통째로 외웠다고 해서 그를 현명하다고 부르지는 않는다. 삶이 통째로 불타고 있는 마당에 '격변'의 정의를 아는 게 불을 끄는 데 무슨 도움이 될까?

시간이 지나면 팩트나 숫자는 잊어버리기도 한다. 사는

게 복잡하고 기억력이 떨어지다 보면 모든 게 뿌연 안개 속으로 사라질 수도 있다. 무언가를 기억한다고 해서 반드시 뭐가 달라지는 것도 아니다. 어젯밤 야구 경기 결과나 자주 해 먹는 요리 레시피처럼 입에서 줄줄 나오는 것들은 마음의 평화나 명확한 판단 혹은 삶의 주도권을 갖기 위한 투쟁에서는 무용지물이다.

마침내 스스로가 스스로를 점검하기 전까지는 세상의 새로운 지식을 몽땅 다 가져온다고 한들 아무것도 바꾸지 못할 것이다.

인생에서 내가 진정으로 발견한 것들은 나를 바꿔놓았다. 영원히 바꿔놓았다. 되돌아가는 일은 없었다. 줄곧 문제는 당신 자신이었음을 깨닫고 나면, 남 탓을 하려고 해도 목구멍에서 걸려 입 밖으로 나오지 않을 것이다. 시간이 지나면 멀리서도 당신이 저지른 일들의 냄새를 맡을 수 있을 것이다.

당신이 지금 비참한 상태라면 아마도 당신은 비참한 사람들이 하는 대로 행동하고 있을 것이다. 그러니 부자가 되고 싶다면 부자들이 하는 대로 행동해야 하고, 날씬해지고 싶다면 날씬한 사람들이 하는 대로 행동해야 한다. 현명해져서 제대로 된 삶을 살고 싶다면…… 내가 무슨 말을 하고 싶은지 알 것이다.

사람은 누구나 자기만의 방식으로, 자기만의 시기에 성장해야 한다

당신이 이 책을 선택한 이유는 롤러코스터를 타고 있는 평소의 뻔한 기분이나 생각, 여건을 초월한 다른 조언이 필요해서다. 주도적으로 살아가기 위해서는 지금까지와는 다른 무언가가 필요하다. 강력하고, 믿을 만하고, 당신을 다시 안정적인 장소로 데려다놓을 목소리가 필요하다. 바로 지혜가 필요하다.

지혜는 당신을 남들과 다른 새로운 방향으로 데려가며 당신 존재의 일부로서 계속해서 쌓여간다. 지혜는 우리 삶에 깊이와 의미와 품위를 더한다. 배운 내용을 그저 아는

데 그치는 것이 아니라 당신이 곧 그 내용이 된다. 불안한 마음을 달래려고 최신형 자동차나 번쩍거리는 비싼 시계 같은 인스타그램 판타지가 필요하지 않게 된다. 더 이상 당신은 남들처럼 생각하지 않을 것이며 남들처럼 매일 일어나는 하찮은 불운에 짓눌리지도 않을 것이다. 하찮은 불운이 찾아올지언정 우리는 얼마든지 삶을 꾸려갈 수 있다.

이 책에서 다루는 인생의 아주 기본적인 것들을 진심으로 숙고해보기 바란다. 무언가를 깊이 생각하려면 어떻게 해야 할까? 그냥 아이디어가 마음속에서 익어갈 기회를 주면 된다. 그 아이디어를 곰곰이 생각하고, 다시 생각해보고, 아이디어가 나에게 말을 하게 두면 된다. 그 말이 무슨 의미이고, 무슨 의미는 아닐지 잘 따져보라. 그리고 거기에도 의심을 품어라.

우리는 무언가를 읽거나 들었을 때 내가 아는 바와 맞으면 좋아하고, 그렇지 않으면 무시하고는 한다. 특히나 그 내용이 나에게 깊이 뿌리박힌 진리나 믿음과 격렬히 충돌할 경우에는 반대의 목소리를 내고 싶은 충동이 확 덮칠 수도 있다. 따지고 보면 이 모든 게 우리가 현실이라고, 안전하다고 믿는 조그만 신기루를 유지하기 위한 것이다.

　새로운 관점들은 알아보지 못할 만큼 우리를 바꿔놓을 수 있다. 이는 위협이 된다. 지혜가 커지면 당신이 다른 누군가의 신기루에 위협이 될 수도 있는 것이다. 뭐, 어쩔 수가 없다. 책임 있게 행동하고, 연민을 가지고, 그런 일은 그냥 지나가게 나둬라. 사람은 누구나 자기만의 방식으로, 자기만의 시기에 성장해야 한다. 당신이 남들과 다른 지점에 있다고 해서 당신이 더 훌륭한 것도 아니고, 멀리까지 갔다고 해서 더 우월한 것도 아니다. 깨우침은 달리기 경주가 아니다.

　당신은 당신이 있는 곳에 있고, 남들은 남들이 있는 곳에 있다. 그게 전부다. 당신이 새로운 것을 깨달았거나 무언가를 각성했거나 자의식이 성장했다면 종종 사람들은 그에 적응할 시간이 필요하다. 심호흡을 하라. 사람들은 곧 도착할 것이다. 당신이 그랬듯이 말이다. 만약 남들이 오지 않더라도 당신은 이미 충분히 깨우쳤기 때문에 그런 것 따위는 신경 쓰지 않게 될 것이다.

어떻게 해야 하는지
남들에게 그만 좀 물어라

알고 보면 세상에는 나쁜 지혜가 널렸다. 소화하기 쉽고 겉으로는 말이 되는 듯하지만 생각처럼 도움이 되지 않는 그런 지혜 말이다. 그런 진부한 말들은 친구들이 나를 위로하거나 북돋아줄 때 듣게 되기도 하고, 감사 카드나 시선을 잡아끄는 포스터에서 읽기도 한다. 소셜 미디어에도 넘쳐난다. 잠시 잠깐 기분은 나아질지 모르지만, 그런 말들은 당신의 의욕에 불을 붙이거나 변신의 물꼬를 터주기보다는 오히려 이미 빠져 있는 똥구덩이 속으로 더 깊이 가라앉게 만든다. 다음과 같은 말들 말이다.

"올 것은 오게 되어 있다."

천만에, 오지 않는다. 당신은 우두커니 있는 정류장이 아니다. 뭐라도 해라!

"스스로를 믿어라."

안 믿으면 어쩔 텐가? 여기서 다 놔버리기라도 할텐가? 그냥 행동을 해라. 제발.

"사람은 생각하는 대로 된다."

그럴 듯한 말 같지만······ 아니다. 생각을 아무리 많이 한들 행동하지 않는다면 생각대로 되는 일은 없다. 개인적인 이야기지만 나는 강아지 생각을 꽤 자주 하는 편인데 여전히 꼬리가 돋아날 기미는 보이지 않는다.

이 이야기를 듣고도 '그래서 뭐?'라고 생각하는 사람도 있을지 모른다. 그 말들이 맞든 아니든 내 기분이 좀 나아졌으면 된 거 아니냐고 말이다.

아니, 그렇지가 않다.

온라인에 보이는 것들은 엉망진창인 당신의 삶에 일시적 안도감을 줄 뿐이지 잠들어 있는 당신을 흔들어 깨워 바꿔놓지는 않는다. 어떤 때는 그냥 당신이 옳다는 신념만 더 굳건하게 만들기도 한다. 뭔가 그동안 내가 옳은 게 아니었을지도 모른다는 찜찜한 의구심은 남더라도 말이다. 기분이 나아지는 것으로는 절대로 충분치 않다. 삶이 제대로 굴러가지 않는데 당신의 기분이 좀 나아졌다고 해서 만족하는 일은 절대로 없어야 한다. 그런 걸 바로 '정체'라고 부른다. 진부하게 들릴지 몰라도, 당신은 그보다 훌륭하다.

친구나 가족의 조언은 다르다고 생각할지 모른다. 하지만 이렇게 하라거나 저렇게 하라는 말은 지혜가 아니다. 그건 조언이다. 조언을 구하는 것은 아이디어가 고갈되었거나 스스로 도저히 해결 방안을 제대로 생각할 수 없을 때 어떻게 하면 좋을지 알려달라고 다른 사람에게 부탁하는 행동이다. 일이 잘못되면 얼마든지 그들을 탓하면 된다. 그렇지 않은가?

어떻게 해야 하는지 남들에게 그만 좀 물어라. 따지고 보면 그렇게 조언에 목말라 하는 이유는 당신이 곤경에 빠져 있으며 지금까지 이렇게 대처해왔다는 점을 피력한 뒤 결국 잘하고 있다는 동의를 얻고 싶기 때문이다. 실제로는 조언을 구하는 게 아니다. 당신 편을 들어줄 사람을 찾고 있는 경우가 대부분이다.

"당신의 기분이 좀 나아졌다고 해서
만족하는 일은 절대로 없어야 한다.
그런 걸 바로 '정체'라고 부른다."

자, 여기서 잠깐. 당신의 머릿속에서 '그치만……'이라는 소리가 부글부글 올라오고 있을 것이다. 당신이 이 책을 보고 뭔가 새로운 것에 눈을 뜨려면 '그치만……'이라고 말하고 싶은 그 쉽지 않은 중독에서 벗어나야 한다. 이런 책을 읽으면서 사람들이 자꾸 '그치만……'을 끼워넣는 이유는 불편한 진실을 마주하고 싶지 않기 때문이다. 반대할 거리가 딱 하나만 있어도 그들은 성장할 기회를 통째로 내다버린다. 당신 인생에서 반드시 통과해야 하는 퀘스트들을 깨뜨리는 동안 인내심을 갖고 나를 끝까지 따라오기 바란다.

불확실성과 불편함 속으로
자신을 밀어넣어라

실패나 두려움, 사랑, 성공을 바라보는 관점을 바꾸기는 사실 그리 어렵지 않다. 시작은 당신의 마음속이다. 정말로 어려운 일은 지금 있는 곳에서 밖으로 한 발을 내미는 것이다. 당신의 삶이라는 차갑고 딱딱한 표면을 뚫고 깊숙이 들어가서 완전히 새로운 시각으로 연애나 커리어, 열정을 바라보는 일이다. 특히나 처음에는 민첩하게 움직일 수도, 스스로 확신할 수도 없을 것이다.

당신이 줄곧 똑같은 문제에 부닥치는 이유는 늘 똑같은 시각으로 문제에 접근하기 때문이다. 고정된 관점에서 문제를 해결하는 데 너무나 집착한 나머지, 당신은 자신에게 어마어마한 힘이 있다는 사실을 잊어버렸다. 관점을 바꿀 수 있는 힘 말이다. 언제든, 어디서든 당신은 새로운 곳에 멈춰 서서 새로운 시각으로 바라보며 거기서부터 다시금 삶을 제어할 수 있다.

이렇게 상상해보라. 당신은 지금 언덕 위에 올라가 골짜기를 내려다보고 있다. 저 멀리 작은 마을이 하나 보인다. 당신은 그곳까지 가고 싶은데 그러려면 저 강을 건너야 하고, 저 진흙투성이의 들판을 가로질러야 하고, 빽빽하고 어두운 숲을 헤치고 나아가야 한다. 장애물과 우회로와 악조건이 끝없이 이어지는 여정이 눈앞에 훤하다.

당신은 머릿속으로 그림을 그리면서 여정을 설계한다.

과거의 경험 혹은 아버지에게서 들었거나 책에서 읽은 조언을 기억해낼지도 모른다. 그사이 갈증이 나거나 배가 고프거나 아니면 그저 오늘은 컨디션이 별로라는 생각이 든다. 이제야 당신은 거기까지 닿으려면 뭐가 필요할지 실감이 나기 시작한다.

우와…… 이거 쉽지 않겠는걸.

어쩌면 이제 당신은 내가 할 수 있을까 하는 의구심을 넘어 과연 내가 해야 하는지를 다시 생각하기 시작할지도 모른다. 가봤자 무슨 소용일까? 겨우 시시한 마을 하나에 불과한데. 귀찮게 그런 수고를 할 가치가 있을까? ……안 그런가?

당신은 지금 처한 현실이 마음에 들지 않을 수도 있지만, 그 풍경에 어느 정도 익숙해진 것도 사실이다. 당신은 근근이 존재를 이어가며 친구도 만들고 대충 어떻게 짜깁기를 하며 삶을 영위해왔다. 당신만의 작은 언덕 위에서 이런 난장판이 벌어지게 내버려둔 채로. 그리고 그 관점을 버리지 못한 채로 생을 마감할 것이다. 당신에게는 유일한 세계가 될 테고 그러한 관점을 의심하지 않는 한, 결코 이 사실을 깨닫지 못할 것이다.

세상을 바라보는 당신의 관점을 의심하라. 당신이 그토록 신성시하고 있는 것들에 실존적 망치를 내리치고, 지금과는 다른 관점이라는 불확실성과 불편함 속으로 자신을 밀어 넣어보라. 듣도 보도 못한 생각이나 이전에는 그저 손사래 쳤을 의견을 삶에 대입해보고 시험해보라. 바로 그런 낯선 시도 한가운데에서만 삶에 대해 새로운 관점을 세울 수 있기 때문이다. 그 새로운 관점이 당신을 그동안 한 번도 보지 못했고 고려조차 해보지 않았던 길과 문을 열어줄 것이다.

종종 삶이
잘못된 방향으로 흘러간다면

많은 사람들이 동기부여나 돈, 집 같은 '대상'을 추구하는 데 에너지를 집중하곤 한다. 우리를 궤도에서 이탈시키는 것에 대항할 힘을 키우는 데 시간을 투자하기는 훨씬 더 어렵다(그리고 솔직히 말해서 재미도 없다). 가슴 아픈 일이나 불운한 사고처럼 이런저런 난관은 누구의 삶에든 닥칠 수 있다. 예상치 못하게 일어나는 일에 언제나 대비할 수 있고 그 여파를 겪으면서도 다시 일어설 능력을 갖추기를 바라는 것은 누구나 마찬가지 아닐까?

여러분은 어떨지 몰라도 나는 희망이라는 리스크를 감수하지는 않을 것이다. 절대로.

그래서 나는 이번 책에서 '인생의 아주 기본적인 것들'에 대해 다루고자 한다. 대부분의 사람들이 직면해야 하는 아주 기본적인 일들, 즉 누구나 바라는 성공을 향한 열망, 초조하고 기운이 쭉 빠지는 두려움의 지뢰밭, 사랑의 복잡다단함, 상실 후의 절망감 등 말이다. 책의 마지막 장을 넘길 때쯤엔 당신의 인생이 어디로 향해야 할지 설득되기 시작할 것이다.

자신의 삶을 구분 지어서 이해해보려고 하는 사람들이 있다. 그들은 이것과 저것을 분리한다. 직장생활과 사생

활, 가족 사이의 관계와 사회생활, 이런 식으로 말이다.

　다 헛짓거리다. 어느 영역이 되었든 중요한 것은 언제나 당신이다. 다음과 같이 말하는 사람들을 수도 없이 보았다. "내 삶도 괜찮아. OO만 빼고." 그래 놓고는 성격상의 결함이나 지긋지긋한 가족 문제 혹은 커리어 문제, 거듭하는 연애 실패나 친구 관계에서의 실패, 사업상의 위험 등을 늘어놓으며 이것 하나만 해결한다면 삶이 근사해질 거라고 말한다. 그만 좀 해라. 당신의 삶은 괜찮지 않다. 제발 기준을 계속 낮춰가면서 스스로를 속이는 일을 그만둬라.

　이 상황에서 저 상황으로 옮겨간다고 해서 더 이상 당신 자신이 아닌 게 아니다. 이 장소보다 저 장소에 있을 때 조금 더 자유롭게 진짜 자신의 능력을 발휘할 수 있을 뿐 언제나 당신은 당신이다. 어딜 간들 당신이 아닌 게 아니다. 당신이 더없이 자유롭고 행복한 장소가 있고, 당신이 심하게 구속받고 힘을 쓰지 못하는 장소가 있을 뿐이다. 그게 삶의 어느 한 부분에 불과하다고 해도 하나의 억압은 모든 곳에 영향을 미친다. 깨닫든 깨닫지 못하든, 말 그대로 '모든 곳'에 말이다. 'OO만 빼고'라는 생각으로 스스로

를 속이지 마라. 전부 괜찮든지 아니면 전부 괜찮지 않은
것이다.

종종 삶이 잘못된 방향으로 흘러갈 때 그걸 감당할 만
큼의 충분한 지혜만 있다면 모든 게 당신에게 유리하게 흘
러갈 수 있다. 어쩌면 삶에서 당신을 옥죄는 영역에서부터
문제가 보이기 시작하면서, 그동안 그것들을 고분고분하
게 있는 그대로 받아들여 온 게 전혀 소용이 없다는 사실
을 깨달을지도 모른다. 그러거나 말거나, 당신은 전부 다
가질 수 있다. 그리고 반드시 그래야만 한다. 어느 정도 선
에서 만족해서는 안 된다. 절대로.

WISE AS FU*K WISE AS FU*K WISE AS FU*K
WISE AS FU*K WISE AS FU*K WISE AS FU*K
WISE AS FU*K WISE AS FU*K WISE AS FU*K
WISE AS FU*K WISE AS FU*K WISE AS FU*K
WISE AS FU*K WISE AS FU*K WISE AS FU*K
WISE AS FU*K WISE AS FU*K WISE AS FU*K
WISE AS FU*K WISE AS FU*K WISE AS FU*K
WISE AS FU*K WISE AS FU*K WISE AS FU*K
WISE AS FU*K WISE AS FU*K WISE AS FU*K
WISE AS FU*K WISE AS FU*K WISE AS FU*K
WISE AS FU*K WISE AS FU*K WISE AS FU*K
WISE AS FU*K WISE AS FU*K WISE AS FU*K
WISE AS FU*K WISE AS FU*K WISE AS FU*K
WISE AS FU*K WISE AS FU*K WISE AS FU*K
WISE AS FU*K WISE AS FU*K WISE AS FU*K
WISE AS FU*K WISE AS FU*K WISE AS FU*K
WISE AS FU*K WISE AS FU*K WISE AS FU*K
WISE AS FU*K WISE AS FU*K WISE AS FU*K
WISE AS FU*K WISE AS FU*K WISE AS FU*K
WISE AS FU*K WISE AS FU*K WISE AS FU*K

CHAPTER 2

인생의 퀘스트1:
두려움 FEAR

두렵다는 것은
살아 있다는 뜻이다

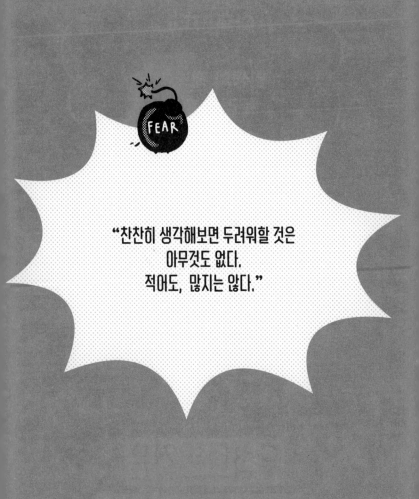

발목이 잡히거나 함정에 빠진 기분을 느끼는 이유가 뭐냐, 왜 더 성공한 사람이 되려고 하지 않느냐, 왜 허물어지고 있는 삶을 깨고 나오지 않느냐 하고 사람들에게 물어보면 다들 뻔한 답을 내놓는다.

두려우니까.

실패할까 봐, 비난당할까 봐, 거부당할까 봐 두렵다고 말할 것이다. 하지만 정말 그걸까? 그게 전부일까? 그냥 잔뜩 겁을 먹은 것일까? 어떻게 보면 당신을 포함해 모두가 자신의 잠재력보다는 두려움을 우선으로 삶을 꾸린다. 안전하다고 인식하는 것들이 가능성의 확장보다 우선한다.

당신이 승진을 요구하지 않는 이유는 혹시나 심사에서 탈락할까 봐 두렵기 때문이다. 당신이 그 사람에게 데이트 신청을 하지 않는 이유는 상대가 거절할까 두렵기 때문이다. 당신이 창업을 하거나 그 책을 쓰거나 그 대학에 진학하거나 그 체육관에 가지 않는 이유는…… 무슨 소용이 있단 말인가? 어차피 또 실패할 텐데 말이다. 그렇지 않은가?

실패하면…… 다들 뭐라 생각하겠는가?

실패한 뒤에 빠지게 될 그 절망의 골짜기는 너무나 싫다. 끔찍하고, 고통스러울 것이다. 그렇기 때문에 평소와 같은 안전한 가림막이 없는 상황에 스스로를 노출시키는 걸 그토록 망설이는 것이다. 실패했을 경우에는 익숙한 버튼이 꾹 눌러질 테고, 당신이 늘 알고 있으나 결코 대면하고 싶지 않은 무언가가 드러나고 말 것이다.

그리고 다시금 실패하게 되면…… 온 세상이 당신의 위선을 목격하리라는 착각이 든다. 그동안 당신은 충분히 훌

룽하지 않고, 사랑받을 만하지 않으며, 똑똑하지 않다는 깊숙하고 어두운 진실을 숨기려고 게임을 해왔다. 삶이란 늘 당신이 마스크 뒤에 감추려고 안간힘을 쓴 무언가가 실시간으로 드러나는 일이다.

그래서 우리는 두려움 앞에 멈춰 선다. 너저분한 변명에 굴복하고 만다. 살아가면서 변명하거나 핑계를 대는 데 가장 흔히 사용하는 말이 두려움인 것은 그 때문이다. 겁에 질린 사람들은 서로의 두려움을 지지하며 자신들의 두려움을 정당화한다. 그렇게 함으로써 잃는 게 무엇인지는 제대로 생각해보지도 않은 채로 말이다.

그러나 실제로 그것은 잘못된 두려움이다. 사실 두려워할 것은 아무것도 없다. 적어도, 많지는 않다.

물론 겁먹는 게 당연한 일들도 있다. 따뜻한 햇볕이 내리쬐는 조용한 바다에서 자연이 주는 행복을 만끽하며 수영을 하고 있는데, 영화 〈죠스〉 테마 음악이 귓가에 흘러들어오면서 등 뒤로 삭삭 물살을 가르는 소리가 들린다면 누구라도 두려운 게 당연하다. 하지만 살려달라고 비명을 지르기 전에 확인부터 하기 바란다. 죠스가 아니라 방학을 즐기는 어느 어린이가 당신 옆에서 첨벙거리고 있을 확률이 훨씬 더 크니까 말이다.

정말로 생존이 경각에 달렸다면 두려움을 느끼는 것은 자연스러운 일이다. 그런 경우에는 모든 것을 제쳐두고 당신의 안전부터 생각하라.

하지만 우리가 지금 상대하는 것은 그런 문제가 아님을 잘 알 것이다.

이 경우에 우리는 무언가가 목숨을 위협하기 때문에 두려워하는 것이 아니다. 그냥 직면하고 싶지 않은 것은 무엇이든 덮어버리기 위해 두려움을 반창고로 이용하고 있다. 그 일을 언제까지고 미룰 핑계 말이다.

반창고는 이제 떼어버리기 바란다. 두려움 속으로 조금만 더 깊이 들어가서 정말로 저 아래에 깊숙하게 자리잡고 있는 게 무엇인지 알아내라.

"아, 뭔지 알 것 같아요. 실패에 대한 두려움이잖아요."

보통은 이게 흔히 볼 수 있는 답이다. 행동을 시작하는 것 자체에 대한 두려움을 실패에 대한 두려움과 동일시하는 사람들은 수없이 많다. 이게 특별히 뭐가 잘못되었다는 얘기는 아니다. 다만, 그렇게 말하는 것은 정확히 문제를 들여다본 게 아니라는 말을 하고 싶다.

문제는 실패 자체에 대한 두려움이 아니다. 진짜 문제는 실패한 것처럼 보이는 것에 대한 두려움이다. 다시 말해 실패했다는 사실을 영영 아무도 알 수 없다면, 당신의 추락을 그 누구도 듣거나 보거나 목격하지 않는다면, 당신은 그렇게까지 전전긍긍하지 않을 것이다. 어쩌면 아예 신경 쓰지 않을지도 모른다. 당신이 실패를 기피하는 이유는 아무도 알지 못해도 당신이 실패했다는 사실을 자신만큼은 제대로 알 것이기 때문이다.

아이들이 주위를 세상 신경 쓰지 않고 온갖 이상한 일들을 할 수 있는 까닭은 이 때문이다. 자녀가 처음으로 혼자 옷을 입는 것을 본 사람이라면 아이들은 자신의 모습이

"뻔하고 안전한 작은 상자 속에 나를 가둬
다른 사람인 척하며 평가받기보다는
있는 그대로의 나로 평가받는 편이
훨씬 더 나은 일이다."

어떻게 비칠지를 정말 손톱만큼도 신경 쓰지 않는다는 사실을 분명히 알 것이다. 아이들은 남들의 생각에는 관심이 없고 오로지 스스로 뿌듯하게 여기기만 하면 그만이다.

당신을 멈추게 하는 것은 실패에 대한 두려움이 아니라 자신이든 혹은 타인이든 누군가 당신을 평가질하는 것을 피하고 싶은 욕구다. 그게 당신을 붙들고 있다. 당신이 준비한 변명들만 잔뜩 늘어놓는 것은 이 때문이다. 변명들이 당신 앞길을 막고 있는 것처럼 보이기도 하지만 당신을 가로막는 것은 변명 자체가 아니다. 당신이 만들어놓은 조그만 스토리 뒤에 숨어 있는 무언가다. 내가 어떻게 보일까, 어떤 사람으로 보일까 하는, 늘 가시지 않는 걱정 뒤에 도사리는 것 말이다.

당신이 그토록 설득력 있는 스토리를 써내는 이유도 여기에 있다. 절대적이고, 어느 모로 봐도 불가능해 보이고, 까무러치게 생생한 스토리여야 남들이 기꺼이 믿어줄 것이다. 그리고 그게 우리가 서로 합의하고 있는 바다. 나의 뭣 같은 스토리에 동조해주면 나도 너의 뭣 같은 스토리에 동조해줄게. 그러면 우리는 훌륭한 친구가 되어 함께 인생을 회피할 수 있을 거야.

그리고 나면 당신의 스토리는 진실이 되고, 동시에 당신은 회피하는 인생의 무게를 느끼기 시작한다. 그러면서 책을 읽고, 조언을 들으며 나름의 변화를 시도한다. 혹시 행운이나 우주의 신비 혹은 다른 무언가를 우연히 발견하게 될지도 모르지 않는가? 그러면 모든 게 다 좋아질 것이다. 그렇다. 당신은 회피하는 삶을 더 나아지게 만들려고 노력하기 시작한다. 그런 행동이 오히려 회피적인 삶을 강화하는 한계가 된다. 고통을 견딜 만하게 만드는 것.

그렇다면 어떻게 해야 이 견딜 만한 사이클을 끝낼 수 있을까? 먼저 두려움이 엄습할 때 드는 내적 경험에 주의를 기울여야 한다. 두려우면 어떤 기분이 드는지, 두려움에 동반하는 구체적이고 익숙한 생각이나 느낌, 감정을 생각해보라. 땀이 나기 시작하는가? 심장이 빨리 뛰는가?

두려움이 어떤 모습을 띠는지 인식하고 나면 보다 상황을 균형 있게 볼 수 있다. 두려움을 핑계로 사용하지 않으면서도 두려움과 함께 사는 법을 배울 수 있다. 중요한 것은 두려움을 물리치는 게 아니라 두려움을 느끼더라도 문제없다는 사실을 깨닫는 것이다. 두려움을 받아들이는 것이다. 평가받기를 피하는 대신 누구나 평가를 하기 마련이라는 점을 인정하는 것이다. 뻔하고 안전한 작은 상자 속에 나를 가둬 다른 사람인 척하며 평가받기보다는 있는 그대로의 나로 평가받는 편이 훨씬 더 나은 일임을 깨닫는 것이다.

키르케고르는 말했다. "모험은 불안을 유발하지만, 모험하지 않으면 자아를 상실한다…… 가장 큰 모험을 하는 것이야말로 자신의 자아를 의식하는 것이다."

모험하고 행동하는 것은 어느 정도의 두려움을 일으킬 테고 심지어 불안에 빠트린다. 더 큰 모험을 할수록 자아를 더 많이 의식하게 될 것이며 더 많은 두려움을 경험할 것이다. 하지만 그게 목숨까지 위협하지는 않는다. 또한 당연히 느껴야만 하는 두려움이다. 두렵다는 것은 살아 있다는 뜻이다.

그 점을 이해하고 헤쳐나가는 게 우리가 해야 할 일이다.

솔직히 말해보자. 오늘날 사람들은 대체로 안전하게 살아간다. 온도 조절이 되는 건물에서 일하고, 온갖 안전장치를 갖춘 차를 몰고, 쇼핑 카트에 살균된 음식을 담아 신용카드로 결제를 한다. 피 묻은 창을 들고 숲속에 쳐들어가거나 비바람 속에서 쟁기질을 할 필요가 없다. 간단히 말해 대부분의 경우 느끼는 두려움이라는 건 헛소리다. 당신은 두려움 때문에 행동하지 못하는 게 아니다. 실제로 목숨을 위협하는 마땅한 두려움이 아니라 당신의 자의식에 드리운 어떤 불안이 원인일 가능성이 더 크다.

누구나 두려움을 느낀다. 그러나 그게 행동하지 않을 핑계가 되지는 않는다.

WisE As Fu*k

CHAPTER 3

두려움에 관한
지혜의 직격탄

두려움은
아무런 힘이 없다

"삶의 큰 변화와 싸우고 있는 사람들은
자신이 바라지 않았던 것까지
뚫고 나아가야 한다.
자유는 그 건너편에 놓여 있기 때문이다."

우주에 두려움이란 없다. 존재하지 않는다.

두려움은 지루함이나 열정처럼 명징하지만, 무언가를 생생하게 느낀다고 해서 그게 당신이 만든 작은 세계 밖에도 실재하는 것은 아니다.

몇 달, 심지어 몇 년 내내 두려움에 사로잡혀 지내는 사람들이 있고 어쩌면 당신도 그들 중 한 명일지 모른다. 손바닥에 땀이 나고, 온갖 생각이 달려들고, 심장 박동 수가 올라가는 그 상태에서 벗어나려고 당신은 억지로 활기를 불어넣는다. 그러나 당신의 두려움은 아무런 힘이 없다.

두려움은 살아가면서 두서없이 들이닥치는 온갖 거지 같은 상황이 말도 안 되게 부풀려져서 실제보다 훨씬 더 심각해졌을 때 인간이 겪는 일시적 경험에 불과하다.

당신의 두려움은 무의미하다. 두려움 안에는 어떤 의미도 담겨 있지 않다. 원래 빈 컵인데 당신이 그 안에 불안정한 폭탄을 담고, 결국은 그게 당신을 망가뜨릴 거라고 전전긍긍할 뿐이다.

이제 두려움은 우주의 거대한 농담이 된다. 인류 진화의 역사에서 멀고 먼 어느 옛날에는 두려움이 생사가 걸린 단서였던 시절도 있었다. 그때의 두려움은 거칠고 위험한 이 행성에서 살아남는 데 도움이 되는 실질적인 감정이었다. 그러나 지금 당신이 살아남고 견뎌내고 이겨내려고 하는 대상은 기껏해야 회의, 면접, 데이트, 이직 혹은 뜻하는 바를 제대로 전달하지 못한 몇 마디 말 정도다.

그리고 한심할 정도로 엉뚱한 곳에서 두려움이 출현해 말 그대로 삶 전체가 멈춰버리기도 한다.

속이 울렁거리고, 무릎이 떨리고, 갖은 잡념이 떠오르고, 손바닥이 축축해지고, 목숨을 위협하는 느낌은 미처 준비되지 않았을 때 들이닥친다. 그리고 이런 일은 우리가 원하는 것보다 훨씬 자주 일어난다. 하지만 그 경험이 생생하다고 해서 실제로도 당신이 생각하는 그런 의미를 갖는 것은 아니다.

생각해보라. 누군가에게 데이트 신청을 하는 게 모든 사람에게 똑같이 겁나는 일일까? 승진을 요구하거나 체육관에 가거나 누군가에게 내 감정을 이야기하는 건 어떨까? 사람들 앞에서 프리젠테이션을 하는 건?

그것들 속에 실제로 우리를 해칠 수 있는 것은 무엇도 없다. 그렇기 때문에 수많은 사람들이 그저 숨 한번 깊게 들이쉬고 "자, 해보자"라는 말 한마디로 그런 일들을 해내는 것이다. 그렇다면 똑같은 지점에서 완전히 얼어붙어버리는 사람들은 뭘까?

두려움을 만들어낸 사람은
바로 당신이다

그들을 엉망으로 꼬여버리게 하는 것은 두려움이 아니라 그 대상과의 숨은 '관계'다. 당신은 사람들 앞에서 연설하는 것을 두려워하는 게 아니라 당신이 만들어낸 연설의 의미 때문에 두려워한다. 당신이 만들어낸 그 의미는 당신 눈에는 보이지 않는다.

두려움을 만들어낸 사람은 바로 당신이다. 두려움은 당신에게서 비롯한다. 두려워하지 말아야 한다고 덮어놓고 마음을 다잡는 것은 두려움을 오히려 강화할 뿐이다.

마음속 어딘가에, 인생의 어느 지점에, 스쳐가는 생각의 언저리에 이런 질문이 도사린다. '이게 나에게 무슨 의미지?' 그러면 당신은 그 순간 처한 여건에 맞는 답을 생각해낸다. 그리고 스스로에 관한 스토리를 지어낸다. 사람들 앞에서 연설을 하기로 되어 있다면 나를 만천하에 드러내는 괴로운 시간이 되리라는 식이다. 그러니 당신이 그 자리에 서서 얼어붙은 채로 웅얼웅얼 메모만 넘겨보며 마음속에서 벌어지는 온갖 드라마를 구경꾼들에게 숨기려 애쓰는 것도 이상할 게 하나도 없다. 당신 마음속에서 당신의 스토리는 더할 나위 없는 현실이다.

간단히 말해 두려움에서 중요한 것은 당신이 아니다. 중요한 것은 당신이 그 대상에 관해 만들어내고 덧붙인 무게나 의미다. 사실 두려움은 세상에 실재하지조차 않는다. 두려움은 눈에 보이지 않는다. 손을 뻗어 만질 수도 없다. 뿌리 뽑거나 붙들 수도 없다.

그러나 우리는 두려움을 느낀다. 깊이 느낀다. 본능적으로 경험한다. 두려움은 우리를 사로잡는다.

당신 인생의 모든 두려움은 전적으로 당신이 꾸며낸 것이다. 그렇기에 두려움은 맞서 싸울 대상도 아니다. 저항하려고 시도할 필요조차 없이 함께 공존하고, 어울려 살아갈 대상이다.

두려움이 정해져 있는 것이라면, 바뀔 수도 옮길 수도 없는 것이라면, 롤러코스터를 타는 사람들은 모두 동일한 경험을 할 것이다. 하지만 실제로는 그렇지 않다. 어떤 사람은 친구 말을 믿은 것을 크나큰 실수라고 생각하며 안전 바를 목숨줄처럼 붙들지만, 다른 사람은 얼굴 가득 함박웃음을 띠고 더없이 즐거운 순간을 경험한다.

두려움은 주관적이다. 사람마다 두려움을 느끼는 대상도 두려움을 경험하는 방식도 다르다.

당신은 사람들 앞에서 이야기하기를 두려워하는데 동료는 즐길 수도 있다. 당신은 헬스클럽이나 경쟁적인 스포츠에 죽고 못 사는데, 가장 친한 친구는 그런 데에 치를 떨지도 모른다.

이유가 뭘까? 당신이 두려워하는 것은 그 활동이 아니기 때문이다. 당신이 두려워하는 것은 그 행동이나 사건에 스스로 부여한 의미다.

자기 연민과 자기 동정은
한 끗 차이다

누구나 이런저런 순간, 두려움에 사로잡힌다.

누군가에게는 두려움이 초조함이나 걱정이라는 형태로 다가오기도 한다. 우리는 버겁거나, 알려져 있지 않거나, 위험부담이 큰 것을 상대할 때 초조함을 느낀다.

두려움이 '나는 못해'라는 내적 대화와 결합하면 종종 후퇴하려는 논리를 만든다.

이런 상황에 사람들은 스스로를 좀 봐주라고, 자신에게 너무 엄격하지 마라고 말한다. 다시 말해 우리가 듣는 조언들은 물러서라고, 후퇴하라고, 자신을 몰아붙이지 마라고 한다.

실제로 자신에게 너무 엄격한 이들은 스스로에게 휴식을 좀 줄 필요가 있다. 하지만 내가 발견한 바로는 그런 사람은 소수였다. 대부분은 실제로는 자신에게 그리 엄하지도 않으면서 자신이 엄하다고 믿고 있다. 조금이라도 고통스럽거나, 불편하거나, 조급해지는 순간 그들은 손을 놓아버린다.

동시에 여러분은 알고 있어야 한다. 삶의 큰 변화와 싸우고 있다면 자신이 계획하거나 바라지 않았던 것을 뚫고 나아가야 한다. 자유는 그 건너편에 놓여 있기 때문이다.

삶에서 일어나는 많은 일이 그렇듯이 나는 두려움도 스펙트럼처럼 다양한 정도가 있다고 생각한다. 자기 연민에도 여러 단계가 있다.

예의 주시하지 않는다면 우리가 무슨 일인지 눈치채기도 전에 두려움에 사로잡힌 자기 연민이 곧장 자기 동정으로 추락할 수도 있다. 자신을 좀 봐주려던 것이 그대로 변명이 되어버릴 수도 있다. 스스로를 격려하려던 것이, 당면한 문제를 완전히 부정하며 사는 것으로 끝날 수도 있다.

특정한 일이나 상황에 대해 '내가 이걸 할 수 있을 것 같지 않아'라고 생각하는 것과 마치 내가 무가치하거나 세상이 끝난 듯이 '난 아무것도 할 수 없어'라고 생각하는 것은 다르다는 사실을 알아야 한다.

후자에 속하는지 여부를 쉽게 파악하는 방법은 내가 나를 얼마나 봐주고 있는지 세어보는 것이다. 한두 번이 아니라면, 오늘도 내일도 스스로를 계속해서 봐주고 있다면 당신은 아마 자기 동정이라는 상태에 갇혀 있거나 그럴 위험이 있는 것이다.

자기 동정이라는 지대에 멈춰 있는 사람들은 스스로를 그렇게 여기지 않는다. 그들은 자신을 희생자라고 생각하지 않지만 실제로는 희생자다. 겉으로는 아무리 거침없고 모든 것을 장악한 것처럼 보이더라도 말이다.

남들은 몰라도 자신은 그렇지 않다고 당신은 생각할 것이다.

당신이 그런 사람 중 하나라면 혹은 그런 사람이 되는 걸 피하고 싶다면 뒤로 물러날 것이 아니라 오히려 안으로 뛰어들어야 한다. 우리에게 필요한 것은 스스로를 봐주는 일이 아니라 그 역경을 뚫고 나가는 힘이다. 불길에 발을 내밀어서 내가 얼마나 감당할 수 있는지 실제로 알아보는 것이다.

두려움이 문제가 아니다,
문제는 두려움이 당신을 장악하는 것이다

두려움에는 두 가지 본성이 있다. 우리는 두려움을 피하려고 최선을 다한다. 그러나 동시에 뭐라 설명하기는 어렵지만 어느 정도 두려움에 끌리는 것도 사실이다.

롤러코스터를 타러 놀이공원에 가는 상황을 한번 생각해보라. 많은 사람들이 몇 달간 돈을 모아, 툴툴거리는 가족들이 꽉 들어찬 자동차를 타고 복잡한 도로를 달려 도착해 한 시간 반씩 줄을 서서 차례를 기다린다. 찾아낼 수 있는 가장 크고 무서운 롤러코스터에 올라 스스로에게 겁을 주기 위해서 말이다.

때로는 두려움을 피해보려고 할 수 있는 일은 다 해놓고는 이럴 때면 두려움을 경험하려고 온갖 성가신 과정을 무릅쓰는 것이다. 우리가 어느 정도 통제할 수 있다고 느끼는 환경이기만 하면 두려움도 수용된다. 공포 영화가 그토록 인기 있는 이유가 뭐겠는가?

물론 모든 사람이 롤러코스터를 좋아하는 것은 아니다. 공포 영화도 마찬가지다. 모든 사람이 두려움에 끌리는 것도 아니다. 어떤 사람들은 갖은 수를 써서 두려움을 피한다. 혹시라도 모를 두려움의 빌미조차 차단하기 위해 집밖을 나서지 않기도 한다.

왜냐하면 무의식적으로 우리는 두려움을 피해야 한다고 느끼기 때문이다. 두려움을 너무 자주 마주해서는 안 된다고, 두려움은 너무 불확실하고 불안정하다고 느낀다.

그래서 우리는 이에 대처하기 위해 두려움을 극복하거나 무시하는 데 도움이 되는 일들을 한다. 명상을 하거나 술을 마시거나 담배를 피우는 것일 수도 있다. 뭐든 그 두려움을 줄여주기만 하면 된다. 사람들과 함께 있을 때 느끼는 초조함이나 이번 달 청구서를 걱정할 때 느끼는 두근 거리는 마음을 누그려주기만 하면 된다. 그냥 회피하기도 한다. 안전하다고 느끼는 영역을 침범하는 것이라면 무엇이든 멀리한다.

당신이 그 레포트 작성을 회피하고, 그 책을 읽지 않고, 그 수업을 듣지 않는 이유는 두렵기 때문이다. 당신이 그 사업을 시작하거나, 승진을 요구하거나, 할인 판매 결정을 밀어붙이기를 망설이는 이유 역시 두려움 때문인 것처럼 보인다.

그런데 말이다. 두려움은 당신과 아무 관계가 없다. 당신만 그런 결점이나 약점을 가진 게 아니다. 이는 머리카락이 자라는 것만큼이나 자연스러운 일이다. 당신이 인간이기 위해서 꼭 필요한 순간이자 결국엔 도망갈 수 없는 부분이다.

살면서 당신이 마음속에 간직한 것들, 그동안 세운 목표, 생각하고 있는 꿈을 정말로 이루고 싶다면 두려움과 함께 해낼 수밖에 없다.

‘함께’라는 단어에 주목하라. 당신은 겁쟁이가 아니다. 다시 말하지만 여기서 문제는 당신이 아니다. 그러나 두려움은 분명히 존재하고, 당신은 그 옆에서 독립적으로 활동한다. 두려움이 찾아들면 당신은 전적으로 책임지고 그에 대처할 것이며 방법이 무엇일지도 알고 있다.

두려움을 느끼면서도 승리한다면 당신은 두려움이 있어도 나아갈 수 있는, 자신의 경험을 온전히 책임지는 사람이다. 두려움을 느끼는 게 문제가 아니다. 문제는 두려움이 당신을 장악하는 것이다.

두려움을 없애려고 애쓰지 마라. 다만 두려움을 당신 것으로 받아들인 채 함께 살아가야 한다. 저기, 당신의 새로운 삶이 기다리고 있지 않은가.

CHAPTER 4

인생의 퀘스트2:
성공 SUCCESS

FAILURE

FEAR

당신이 어떤 사람인지가
성공을 결정한다

"성공이란 저 길 끝에 혹은
두 달 뒤에 존재하는 무언가가 아니다.
지금 당신의 모습이 곧 성공이다."

성공이라면 진절머리가 난다. 성공하는 게 진절머리 난다는 말이 아니다. 적어도 현대사회에서 흔히 묘사되는 방식의 성공이라면 그렇다. 우리 모두가 부지불식간에 이런저런 방식으로 받아들이고 있는 이 성공이라는 것은 몽땅 사기다. 나는 성공이 행복으로 가는 길이라는 믿음에 낚였다가 속고 또 속는 데 넌더리가 난다. 성공과 행복은 별개의 현상이다. 절대로 혼동해서는 안 된다.

한편으로는 모든 사람이 마음의 평화와 충족을 찾으며 살아 있음을 매 순간 느끼고 싶어 한다. 그러면서 저 먼 미래의 어느 날을 향해 아무 생각 없이 뛰어가기를 그만두지 못한다. 그날이 되면 기적처럼 모든 게 다 잘될 거라 믿으면서 말이다. 그래서 걱정과 불안, 버거움, 언젠가는 해내리라는 일시적 흥분에 마음의 평화와 현재의 기쁨은 희생된다. 이렇게 지내도…… 괜찮은걸까?

우리는 다들 이런저런 형태의 바보 같은 성공을 좇는 것처럼 보인다. 자신은 천편일률적인 경쟁 따위는 하지 않는다고, 성공을 좇지 않는다고 말하는 사람들조차 제 나름의 성공을 좇고 있다. 그게 자신의 눈에 잘 보이지 않을 뿐이다.

더 적은 것에 대한 욕망도 더 많은 것에 대한 욕망 못지않게 소모적일 수 있다.

그런데 성공이라는 게 정말로 뭘까? 아니, 더 중요한 것은, 당신에게 성공이란 무엇인가? 당신이 성공했는지 당신은 어떻게 아는가? 돈이 더 많으면? 스트레스를 덜 받으면? 여행을 하면?

당신과 내가 생각하는 성공에 대한 비전이나 정의는 분

명히 다르다. 그러나 궁극적으로 성공이라는 말에는 어느 정도 합의한 뜻이 담겨 있다.

즉, 우리는 이 사회에서 무엇이 성공이고 무엇은 아닌지에 대해 생각하는 바가 비슷하다. 당신이 생각하는 성공에 동의하는 사람이 100명에 불과할지라도 동의는 동의다. 그러나 동의한다고 해서 그게 곧 현실인 것은 아니다. 당신은 삶의 대부분을 뭐가 되었든 스스로 옭아맨 그 합의한 현실이라는 세상의 노예 상태로 보낸다.

다들 '그곳'은 없다는 사실을 모르는 채 오만 속에서 '그곳'에 닿으려고 기를 쓴다. 환영이다. 사기다. 언제나 '이곳'이 있을 뿐 '그곳'은 없다. 시간이란 오직 하나뿐이다. '지금'이라는 시간. 과거도, 미래도 없으며 오직 지금뿐이다. 이 사실을 깨닫지 못한다면 당신은 영원히 잠들어 있는 것이나 다를 바 없다.

누누이 말하듯이 당신은 언제나 '이곳'에 있다. 그런데 당신은 정말로 이곳에 실존했던 적이 있는가?

당신은 이곳에서 사랑하고, 용서하고, 위험을 감수하고, 존재하고, 행동하고, 가능성을 확장하는가? 지금 바로 이 순간에 말이다. 혹시 지금 말고 다른 언제가 있을 거라고 생각하는가?

원망과 분노, 미루기, 냉소주의, 가십, 공상, 온갖 것들로부터 놓친 모든 순간을 생각해보라. 놓쳐버린 순간들을 모두 더한다고 상상하면 그 시간으로 당신은 뭘 해낼 수 있었을까? 당신이 인생의 종착역에 도착했을 때, 남은 것은 해내지 못한 일과 허비해버린 순간들일 것이다.

대부분의 사람이 단체로 최면에 걸린 듯 갖고 있는 성공의 개념은 주류와 비주류를 막론하고 이런저런 형태의 물질주의이기 마련이다. 목표만 달성하면 모든 골칫거리가 술술 풀릴 거라는 생각 말이다.

그럴 리 없다.

그렇게 된다고 한들 당신은 또 다른 '그곳'에 도착해야 한다고 현혹될 것이기 때문이다. 전에도 그러지 않았는가.

당신이 다람쥐 쳇바퀴를 돌고 있는 게 아니다. 당신 자체가 다람쥐 쳇바퀴다.

돈을 많이 버는 직업을 갖겠다, 고급 주택을 사겠다, 매력적인 배우자를 맞겠다, 원하는 걸 할 수 있는 자유를 얻겠다 등등 당신의 목표는 모두 더 많이, 더 높이, 더 빨리, 더 좋은 것을 손에 넣겠다는 것이다. 다만 최근에는 트렌드가 정반대로 흐르고 있다. 미니멀리즘, 소형 주택, 비우는 삶 쪽으로 말이다. 하지만 이는 성공의 또 다른 형태에 불과하다. 스펙트럼의 반대편 끝에 있지만, 그곳에 도착하기 위해 취하는 태도는 사실상 동일하다. 우리는 다들 무지개의 끝에 도착하겠다는 욕망에 차 있다.

늘 어딘가를 향해 가고 있지만 진정으로 이곳에 있는 경우는 없다. 문제는 그게 바로 '여기'에 있다는 사실이다.

맥시멀리즘을 추구하든, 미니멀리즘을 추구하든, 성공을 우주 어딘가에 존재하는 하나의 현상으로 본다는 점에서 물질주의적이긴 마찬가지다. 기업의 CEO와 말끔하게 타투를 새긴 바리스타는 얼핏 보면 말하는 내용이나 가치

관도 아예 다른 것처럼 보일 수도 있지만 똑같은 창문 밖으로 보이는 서로 다른 풍경일 가능성이 매우 크다.

자동차를 구매하면서 마력을 중시하든 연비를 중시하든 자동차를 사는 것은 같다. 자전거를 타거나 걸어서 출근하는 사람이라고 해서 예외는 아니다. 다들 더 낫다고 생각하는 게 서로 다를 뿐이다.

사람들은 성공을 외적인 것으로 생각할 뿐만 아니라 성공을 미래에 투영하는 경향이 있다. 성공이란 더 높은 지위까지 승진하거나 헬스클럽에서 더 오랜 시간을 보냈을 때, 즉 나중에 벌어지는 일인 경우가 많다. 많은 목표를 이미 성취했음에도 불구하고 여전히 뭔가 더 나은 형태의 성공이 남아 있기 마련이다. 아직도 1년이나 5년 혹은 10년을 더 노력해야 하는 무언가 말이다.

OO킬로그램을 감량하고, OO만 원을 벌고, OO권의 책을 읽고, OO만 원의 빚을 갚아야 한다.

다시 말해 당신이 생각하는 성공이 무엇이든 그 성공은

늘 외적인 것이고 나중에 벌어질 일이다. 사회가 성공관에 영향을 줄 수는 있지만 많은 사람들의 자신이 조종을 당했다, 성공에 대한 개념을 강요당했다, 속았다, 실제로는 내가 중시하지 않는 것들을 중시하도록 세뇌를 당했다고 불평하며 자신을 희생자라고 생각한다.

머리 위에 "내가 아냐, 그들 때문이라고!"라고 커다랗게 써놓고 다녀도 될 정도다.

제발, 이제 그 정도면 충분하다.

별 볼 일 없는 당신을 조종하려고 어딘가에 숨어서 활동하는 집단은 없다. 말로 내뱉거나 내뱉지 않는 일련의 사회적 합의가 있을 뿐이다. 어느 사회에서든 뭐가 좋고 뭐가 나쁜지에 관한 합의가 있고 당신은 그걸 따르기로 선택했다. 전 세계 어디를 가도 마찬가지다. 물론 일본에 사는 누군가는 예컨대 브라질에 사는 누군가와는 조금 다른 버전의 성공을 마음에 품고 있을지도 모르겠지만 말이다.

이 말은 곧 당신이 지금 성공을 어떻게 보고 어떻게 다루는지를 두고 탓할 사람은 당신뿐이라는 얘기다. 그에 대한 반항은 사실 당신이 계속해서 그걸 받아들이고 있다는 또 다른 증거에 불과하다.

아직도 모르겠는가? 이 모든 얘기는 곧 당신이 그걸 바꾸기로 결심할 수도 있다는 말이다. 당신은 먼 미래 언젠가 벌어질 그 외적인 성공이라는 것을 이제부터 거부할 수도 있다.

그리고 그 자리에 마음을 더 채워주는 무언가를 대신 가져다놓을 수도 있다. 삶은 정원과 같은 것이다. 정원을 일구고, 키우고, 즐길 수 있지만, 노력도 해야 한다. 기꺼이 노력할 수 없다면 결코 정원을 진정으로 사랑하기는 어려울 것이다.

진부하게 들릴지도 모르지만, 나는 '어디로 가느냐가 중요한 게 아니다. 어디에 있느냐가 중요하다'라는 말을 믿는다.

성공이란 저 길 끝에 혹은 두 달 뒤에 존재하는 무언가가 아니다. 당신이 어떤 사람인가가 곧 성공을 결정한다. 지금 당신의 모습이 곧 성공이다. 당신이 좇는 그것, 당신이 이미 그것이다. 지금 당장, 바로 여기서 말이다. 중요한 것은 뭐가 되느냐가 아니라 이미 완성된 당신이라는 사람을 지금 이 순간에 표현하는 것이다.

성과는? 아, 분명히 있을 것이다. 당신이 하는 행동은 늘 당신이라는 사람의 실체와 일치하기 때문이다. 아무런 초조함도, 걱정도, 부담감도 없을 것이다. 당신은 늘 여기에서 여기 있는 것들에 집중하기 때문이다. 이런 태도로 살아간다면 미래는 저절로 풀리게 되어 있다.

아무것도 하지 말라는 얘기가 아니다. 자신을 개선하려는 노력을 멈추라는 얘기가 아니다. 다만 더 이상 필사적일 필요는 없다. 이미 당신이 가진 그 삶에 활력을 불어넣는 그런 노력이면 된다.

당신은 지금의 당신에게 만족하면서도 여전히 훌륭한 것들을 이루고자 노력할 수 있다. 그러나 그 노력은 더 이상 물에 빠진 사람이 구명 도구를 움켜지듯 하는 필사적인 노력이 아니다. 보트 위든 해변이든 안전하게 자리를 잡고 있는 사람, 자신이 어디에 있는지 분명히 알고 단단한 기반을 다진 사람이 기울일 법한 노력이면 충분하다.

CHAPTER 5

성공에 관한
지혜의 직격탄

인생에서 벌어진 일은
어쨌거나 당신 책임이다

"모든 게 순조로울 때 칭찬과 영광을 원한다면
쓰레기 같은 일도 받아들이는 법을
배워야 한다."

"당신 삶을 책임지는 사람이 스스로가 아닌 다른 누군가라면, 당신은 늘상 희생자가 될 수밖에 없다."

내 묘비에는 아마도 저렇게 써 있을 것이다.

이 문장은 내가 하는 모든 일에서 기본 중에 기본이 되는 생각이다. 만약 이 생각을 받아들이기 힘들다면, 책을 덮고 다른 길을 찾아봐라. 당신이 찾는 사람이 나는 아닌 것이 분명하기 때문이다. 이 생각을 받아들이는 데 시간이 필요하다면 괜찮다. 적어도 노력은 해볼 수 있기 때문이다. 어려움을 겪고 있다는 건 그래도 어느 정도 의지가 있다는 뜻이다.

스스로의 삶을 책임지는 것에 관해 당신은 이렇게 말할 수도 있을 것이다.

"네, 책임을 져야죠. 그런데 저희 엄마는 정말이지……."

혹은

"그렇죠, 제 책임이죠. 하지만 제 전남편은……."

혹은

"이론상으로는 훌륭한 말이죠. 그런데 현실에서 그게 쉽나요?"

당신이 파산한 것, 학대당한 것, 상실한 것, 버림받은 것, 이용당한 것, 속아 넘어간 것, 당신의 출생지, 성별, 건강, 체중, 나이, 외모, 난관, 성격 결함 등등 가운데 어느 것도 궁극적으로 당신의 삶을 결정하지는 않는다. 이제부터 삶에서 벌어진 일은 어떻게 피할 도리도 없이 당신 책임이라고 생각하기만 한다면 말이다. 전부 다 당신 책임이다.

그 안에 당신의 책임이 일부만 있지 않다. "네, 그런데"로 시작하는 변명도 그만둬라.

상황이 잘못되기 시작하면 우리는 반사적으로 딴소리를 하게 만들어져 있다. 그래야 내 탓이 되지 않기 때문이다. 당신이 소리 내어 말을 하든, 나중에 이용하려고 감추고 있든 다 마찬가지다. 삶이 궤도를 이탈하는 순간 우리는 그걸 망친 사람을 찾아 나선다. 남 탓을 하려는 욕구는 번개처럼 빠르게 당신의 힘을 모조리 빼놓을 것이다.

계약이 좌절됐다. "하, 이게 다 팀장 때문이야." 바비큐 파티에 누군가 감자를 가져오는 것을 깜박했다. "여보, 당신이 챙겨야 했던 거 같은데."

사는 동안 우리는 이런 의식의 흐름에 너무나 능숙해져 있기 때문에 모든 문제에 대해 탓할 사람을 정확히 찾아낼 수 있다. 출근길에 타이어에 펑크가 나든, 체크카드 잔고가 훅 줄어들었든, 거지 같은 상사가 나를 승진 대상에서 제외하든 눈 깜짝할 새 지목할 사람을 찾아낼 수 있다.

그런데 늘 그렇게 딴 사람을 찾아내기 때문에 당신이 어떻게 되고 있는지 생각해본 적이 있는가?

만약 적극적으로 그리고 일관되게 삶에 대한 책임을 부인한다면, 당신은 자기도 모르는 사이에 지금의 그 엉망진창인 상황을 해결할 힘을 날려버리고 있는 셈이다. 이는 마치 자기 인생의 운전대를 다른 누군가에게 넘겨주는 것과 같다. 당신이 뒷좌석에 앉아 한숨만 내쉬는 동안 당신의 삶은 틀림없이 터무니없는 쪽으로 방향을 틀어 형편없는 결과를 맞을 것이다.

당신 인생에서 지금 벌어지고 있거나 과거에 벌어진 일들을 놓고 다른 사람을 탓한다고 해서 문제가 해결되지는 않는다. 탓할 사람을 찾아낸다고 해서 아무것도 고쳐지지 않는다. 그렇게 사과를 기다리는 것도 가망 없는 일이다. 혹시나 결국 그 사과를 받아낸다고 해도 아무런 도움도 되지 않을 것이다. 당신이 아무리 달리 확신하고 있다고 하더라도 말이다.

명백히 다른 사람이 망쳐놓은 일이라면 그들에게 책임

을 물어 마땅하다. 그러나 성공하고 싶다면 당신이 가진 그 작은 우주의 중심에 자신을 가져다 놓을 방법을 찾아내야 한다.

세상을 바라보는 시각을 바꿔야 한다. 책임을 전적으로 본인의 어깨에 올려야 하고, 주변 상황의 희생양인 척하기를 집어치워야 한다.

책임은 이렇게 시작된다. '일은 벌어졌어. 이제 어떻게 할까?' 이 질문에 대한 답을 알려면 당신이 당신 문제의 출발점일 뿐만 아니라 거기서 빠져나올 탈출구라는 사실도 인식할 수 있어야 한다.

모든 게 순조로울 때 칭찬을 받고 영광을 누리길 바란다면 쓰레기 같은 일도 받아들이는 법을 배워야 한다. 일부가 아니라 전부 다 말이다. 상황에 전적으로 책임을 진다면 답을 찾는 것 역시 당신에게 달려 있기 때문이다. 당신이 해결책을 찾아내고 상황을 또렷이 파악해야 한다.

다시 말하지만 거의 모든 사람이 평생 이 '남 탓하기' 게임을 하느라 바빴다. 그러니 본능적인 태도를 바꾸려면 습관을 뜯어고쳐야 한다. 이 과정에서 그동안 당신이 얼마나 자신을 희생자로 만들어왔는지 깨달을지도 모른다. 포기하기 위한 방편으로 얼마나 쉽게 무력감과 체념에 의지하는지 깨닫게 될 수도 있다.

나는 여러분이 이 점을 알았으면 한다. 당신은 할 수 있다. 당신이야말로 삶의 모든 것에 대한 해답이기 때문이다. 그 모든 것의 시작은 당신이 당신 삶을 책임지고 있는 사람이라는 사실을 마침내 받아들이는 것이다. 좋은 일과 나쁜 일, 성공과 실패, 비극과 행운 모두 당신 것이다.

이는 남 탓하기와는 무관하다. 탓하기와 책임지기 사이의 거대한 차이를 쉽게 구별하는 방법이 있다. 바로 운전이다. 운전을 하면서 자신을 탓하는 사람은 없을 것이다. 시동을 켜고 가속페달을 밟자마자 방어 태세를 취하거나 죄책감이나 수치심 혹은 후회로 시름하지는 않을 것이다. 당신은 그냥 차를 운전하는 것이다. 차의 상태를 인지하고 여정을 온전히 잘 마치는 데 필요한 모든 일을 의식하면서 나아갈 것이다.

삶도 마찬가지다. 앞으로 삶이 어떻게 펼쳐질지 알 수 없지만 당신이 겪는 모든 경험에 책임을 져라. 그러다 보면 어느 순간 자연스럽게 책임감을 느끼기 시작할 것이다.

그게 당신 삶의 가장 큰 선물이 될 것이다.

운전대를 잡은 사람은 당신이다. 이 빌어먹을 것을 이제 직접 운전해라.

실패를 좋아하지는 않지만
실패가 두렵지도 않다

적어도 그만둘 만큼 두렵지는 않다. 하지만 요즘엔 자꾸만 실패를 사랑해야 한다고 이야기들을 한다. 실패를 끌어안으라고, 심지어 즐기라고 말하는 사람들도 있다.

실패를 두려워하는 것은 대부분 건강한 반응이다. 적어도 실패를 회피하기보다는 당장 이 현실에 어떻게 대처할지 생각하게 만들기 때문이다. 하지만 패배를 온전히 사랑해야 한다는 개념에 대해서는 의문이다. 상식에 반할 뿐만 아니라 너무나 비생산적이다.

기운은 내야 하지만 실패를 대하는 자세는 현실적이어야 한다. 대단히 성공한 사람이 되려면 실패는 피할 수 없는 일이기 때문이다. 당신이 어떤 성공을 향해 달려가든 크고 작은 차질로 힘들 것이다. 그리고 당신이 무엇을 성공이라고 여기든 간에 그 목표에 도달한 후에도 실패는 그치지 않을 것이다. 정상에 오른 사람들도 실패와 싸워야 한다.

따라서 균형 있는 시각으로 실패를 바라보는 것은 합리적인 태도다. 다만 우리는 실패할 가능성을 편안하게 받아들이도록 노력해야 한다. 지나치게 실패를 사랑하는 수준 말고, 그저 실패가 저 멀리서 나를 훔쳐보고 있다고 여기며 계속해서 열심히 노력하는 정도로 말이다. 당신이 길 중간에서 그만두지 않을 정도로만 편안하게 말이다.

그러려면 실패를 하더라도 그에 따른 온갖 감정적 무게

에 짓눌리지 말아야 한다. 일이 잘못되더라도 지나치게 낙담하거나, 심하게 우울해하거나, 지레 그만두지 않아야 한다. 실패는 성공의 불가분한 일부다.

그러나 백만 번 실패하고 단 한 번도 성공하지 못한 사람도 많다. 연애나 사업을 열 번쯤 말아먹고 단 한 번도 성공하지 못하는 사람들은 수두룩하다. 그러니 실패 자체를 포용하기보다는 실패 때문에 굳이 멈춰 설 필요는 없다는 생각을 가슴에 새겨라. 실패는 게임의 일부일 뿐이다. 지금 당신은 실패를 어떻게 대하고 있는가?

우리는 실패를 극적으로 생각하는 경향이 있다. 우리는 종종 실패한 뒤에 펼쳐질 일들을 그려보곤 하는데 현실은 그와는 다르다. 사업이 망한다고, 실직했다고 죽는 것은 아니다. 크게 숨을 한번 들이쉬고, 다시 전열을 가다듬고, 다른 방향을 향해 출발하면 된다. 당신은 살아 있다. 당신의 맥박은 여전히 뛰고 있다. 그 정도면 충분하다. 실패했다고 죽을 것처럼 걱정하지 마라. 실패에 담긴 뜻을 현실적으로 받아들이는 법을 배워라.

긍정적 사고는
과대평가되어 있다

사람들은 긍정적 사고에 관해 떠들어대기를 좋아한다. 긍정적으로 생각하면 뭐든지 이룰 수 있고, 삶을 바꿀 수 있으며, 심지어 세상을 바꿀 수 있다고 말한다.

흠, 내가 긍정적 사고를 싫어하는 것은 아니다. 내가 뭐, 돌아다니면서 미소를 띤 사람에게 소리를 지르고, 1년 내내 활기찬 사람에게 나의 하루가 얼마나 엉망이었는지 하소연하고, 종종 마트에서 할머니들을 밀치고 다니기도 하는 그런 사람은 아니다.

그러나 누구에게나 커리어를 개선하거나 사업을 시작하거나 뭐라도 성공을 하기 위해 뭔가를 반드시 해내야 하는데도 온몸의 세포 하나하나가 싫다고 비명을 지르는 그런 때가 분명히 있다. 심각한 의구심이 들거나 정신을 차릴 수 없는 혼란에 빠지는 때가 있을 것이다. 눈앞의 과제에 체념하고, 우울해지고, 절망적인 회의감이 들이닥치는 때가 올 것이다.

긍정적 사고로 무장하면 무언가를 할 수 있다고 생각했지만 결국 실패한 수많은 사람들을 지적하면서 내가 약간의 뿌듯함을 느끼는 것은 사실이다. 자신 있고, 의욕에 넘치고, 해낼 수 있다고 확신했으나 해내지 못한 사람들 말이다. 머리끝에서부터 발끝까지 긍정적 사고라는 반짝이로 휘감고도 그들은 실패했다. 그런데 나는 왜 뿌듯할까? 나는 녹초가 된 사람들, 갈피를 잡지 못하는 사람들, 한 걸음도 더 나아가지 못하는 사람들에게 더 시선이 가는 편이다. 이런 사람들에게 단순히 더 긍정적으로 생각하라고 말하는 것은 그들이 실제로 감당하고 있는 문제를 제대로 이해하지 못하기 때문이다.

하나의 태도로서는 긍정적 사고도 괜찮다. 그래, 뭐, 한창 엉망이 된 것을 수습해야 할 때는 자양강장제처럼 도움이 될 수도 있다. 그렇지만 살면서 긍정적 사고의 유용성이란 겨우 그 정도다. 나는 사람들이 자신의 기분과는 관계없이 기적 같은 결과를 만들어낼 수 있다는 사실을 알아차리도록 돕고 싶다. 긍정적 사고라는 성배부터 좇느라 옆길로 새는 것보다는 그 편이 낫다.

긍정적 사고라는 사탕발림에 너무나 깊이 빠진 나머지 실제로는 처참하게 실패했는데도 그 사실을 깨닫지 못하고 현실을 직면하지 못하는 사람들도 있다. 노래를 끔찍이도 못하면서 만나는 사람마다 자신이 스타가 될 거라고 이야기하는 사람이나 본인의 집이 다 타서 내려앉고 있는데도 불길에 따뜻하게 손을 쬘 수 있으니 감사하다고 웃는 불쌍한 영혼처럼 말이다.

찌르레기라는 새는 반짝거리는 물건, 특히 은으로 된 물건을 유독 좋아한다. 찌르레기의 둥지 속에는 온갖 금속 잡동사니가 다 들어 있다. 이렇게 반짝거리는 물건들을 수집하는 데 정신이 팔린 찌르레기의 모습은 마치 긍정적 사고라는 매력적인 유혹에 집착하는 우리 모습과 비슷하다. 엉망진창이 된 둥지라든가 굶주린 새끼들은 눈에 들어오지도 않는다. 뭐 어때? 저기 반짝거리는 콜라 캔 뚜껑이 있네. 저것도 모아놓으면 멋져 보일 거야.

이게 바로 긍정적 사고에 대한 집착이 낳는 결과다. 한눈을 팔게 되는 것 말이다. 긍정적 사고를 장착하느라 여념이 없는 동안, 주위에 처리할 일들이 산적한데도 당신은 무슨 열정이나 동기부여를 찾아 곁길로 빠지고 만다. 그리고 마침내 그런 것들을 찾아낸다고 해도 긍정적 사고라는 베일에 가려 당신이 만든 작은 제국에 금이 가고 그게 무너지는 것조차 보지 못할지도 모른다. 깨달았을 때는 이미 늦었다.

당신은 어느 날 느닷없는 결과를 받아들었다고 생각하지만 그렇지 않다. 실은 당신이 완전히 놓친 것이다. 그 결과는 긍정적인 당신의 코앞에 내내 놓여 있었는데 말이다.

중요한 것은 행동하느냐, 마느냐다. 궁극적으로 당신이 초점을 맞춰야 할 것은 그것뿐이다. 그 행동이 긍정적 사고를 주입하든 하지 않든 상관없이 말이다. 왜냐하면 당신이 정말로 솔직하게 지금까지의 인생을 들여다본다면 그동안 뻔히 부정적인 생각을 갖고도 이뤄낸 일들이 많다는 것을 알 수 있다. 나 역시 무언가를 하는 내내 침침한 머릿속에서는 '나는 못 해'라는 말이 계속 쾅쾅 울려댔음에도 커다란 승리를 쟁취했던 경우가 여럿 있다. 나는 아랑곳없이 그 일을 해냈다.

당신도 마찬가지다. 당신도 아마 절대로 들어가지 못하

리라 생각했던 그 회사에 입사했을지 모른다. 여러 번 당신의 능력을 의심하게 만들었던 프로젝트도 완수했다. 손톱만큼도 동기부여가 되지 않는 악조건 속에서도 하기 싫은 일을 해내고 침대 밖으로 나왔다. 긍정적 사고가 나쁜 것은 아니다. 그러나 성공의 필수 요소는 아니다. 사람들이 긍정적 사고를 끊임없이 당신에게 주입한다는 사실을 안다. 모든 게 밝고 반짝거리는 것처럼 보이는 매력을 뿌리치기도 힘들다. 다른 모든 감정 상태와 마찬가지로 긍정적 기운도 밀려왔다가 빠져나가고, 순간적으로 혹은 그보다 좀 더 오래 머물기도 한다. 하지만 절대로 그것을 당신이 앞으로 어떻게 행동해야 하는지를 안내하는 신호로 여기지는 마라.

사실 우리가 뭔가를 개발하고 싶다면 가장 바람직한 것은 당신 인생에 긍정적 기운이나 동기부여, 열정이 없을 때조차 힘을 내어 행동할 수 있는 능력이다.

행동이 핵심이다. 다른 것들은 모두 잡음에 불과하다.

"행동이 핵심이다.
다른 것들은 모두 잡음에 불과하다."

성공은 각본에 없는 일을 할 때
찾아온다

당신은 누구인가? 아니, 다른 사람 말고 당신 말이다. 당신은 누구인가?

당신이 우주의 기운이 어쩌고 하면서 횡설수설하기 전에 내가 알려주겠다.

당신은 행동을 제대로 못 하는 사람이다.

지금 당신은 반복되는 뇌신경 패턴을 따라 움직이는, 뻔히 예측할 수 있는 행동과 생각, 감정의 연쇄물에 불과하다. 당신은 이렇게 당신이 만들어놓은 길을 따라 움직일 뿐이다. 오늘도, 내일도, 여기서도, 저기서도 마찬가지다. 당신의 캐릭터가 정해놓은 루틴, 각본, 원형을 따라 움직이고 있다.

물론 이 작은 연극 속에서 주인공은 늘 당신이다. 당신은 미스터리하지만 카리스마 넘치는 불한당일 수도 있고,

베개에 얼굴을 파묻고 우는 코미디언일 수도 있으며, 이 잔인하고 사악한 세상이 부과한 그 모든 불의에 맞서 싸우는 망가진 천사일 수도 있다. 어쩌면 당신은 남들이 그들의 세상을 망치는 모습을 거만하게 지켜보기만 하는 차분한 실용주의자여서 머릿속으로 끊임없이 '이건 이미 아는 내용인데?'라고 생각하며 이 책을 읽고 있을지도 모른다.

코미디언은 유머를 이용해 골치 아픈 상황을 빠져나가거나 남들이 자신을 좋아하게 만들 것이다. 실용주의자는 매번 연구하고, 시간을 갖고, 전략을 짜서 상황을 헤쳐나갈 것이다. 그러나 중요한 점은 이 것이다. 당신이 살면서 뭔가 새로운 것을 성취하고 싶다면, 특히나 한 번도 해보지 못한 뭔가 큰일을 해내고 싶다면 지금까지 알고 있는 스스로를 뛰어넘을 새로운 방법을 찾아내야 할 것이다.

성공은 각본에 없는 일을 할 때 찾아온다. 지금까지 알았던 당신이라는 사람의 굴레를 깨고 나올 때 말이다. 이전에 물러섰던 지점에서 용기나 인내심을 발휘하려 할 때도 마찬가지다. 당신이라는 사람의 스펙트럼 이쪽 끝에서 저쪽 끝까지 모두 탐구해봐야 한다. 당신이 아는 당신이라는 사람의 그 좁은 범위에 갇히지 마라.

당신은 어떤 사람이든 될 수 있다. 지금 당장 말이다.

지금 당장 당신은 의욕이 샘솟을 수도 있고, 강력해질 수도, 열정이 끓어오를 수도, 용감해질 수도 있다. 이러한 다양한 가능성은 당신을 한 단계 성장시키고 인생에서 새로운 결과를 내게 해줄 것이다. 당신이 늪처럼 빠져 있는 지금의 캐릭터를 깨고 나오기만 한다면 말이다.

진정한 강인함은 캐릭터의 산물이 아니다. 진정한 강인함은 한 번도 해보지 않았던 일에 도전하는 것이다. 모르겠다고, 지친다고, 나는 못한다고 생각하면서도 그걸 뛰어넘는 것이다. 그걸 뛰어넘어야만 한 차원 높은 수준의 강인함을 얻게 될 테고, 그래야만 당신이 도전할 수 있는 수많은 새로운 경로가 비로소 열린다.

다시 말하지만, 인생에서 더 멀리까지 가보고 싶다면, 미래를 더 나은 모습으로 만들고 싶다면, 한 차원 높은 수준에 이르고 싶다면, 바로 이런 캐릭터 테스트를 피하지 말아야 한다. 당신이 아는 당신이라는 사람이 제 힘을 발휘하기 위해 애쓰는 순간이 바로 그런 때다. 언제 어느 순간이 바로 그때가 될지는 정확히 예측하기 어려울지도 모르지만 분명히 때는 온다.

그때가 되면 당신은 여전히 같은 캐릭터로 남을지 아니면 역할을 바꿀지 선택할 수 있다. 각본에 쓰인 그대로 읽어도 되고, 즉흥적으로 다른 캐릭터를 만들어내도 되고, 애드리브를 쳐도 된다. 때가 되면 새로운 길이 만들어질 것이다. 자기 자신을 극복하는 새로운 방법 말이다.

이런 순간은 스스로를 재창조하는 중요한 순간이다. 당신은 지금까지 당신이 아는 스스로를 의심하고, 미지의 세계에 발을 들이고, 당신이 어떤 사람이 될 수 있는지 혹은 되어야 하는지 가능성을 탐구하며, 익숙한 것들을 깨트리고 나올 것이다.

그러려면 어떻게 해야 할까? 당신은 이미 그 답을 알고 있을 가능성이 매우 높다. 비록 그동안 현실적이지 못하다는 핑계로 기를 쓰며 그 답을 회피하려 수많은 시간을 허비했겠지만 말이다.

당신이 바라는 게 사랑이든, 열정이든, 모험이든, 뭐가 되었든, 그 가능성을 붙잡아 당신 것으로 만들어라. 한 발을 내디뎌라. 알지 못하는 것, 예측할 수 없는 것으로 들어가 게임을 시작하라.

**인생은 오직
행동을 통해서만 바뀐다**

당신은 지금 두 세계가 교차하는 십자선 위에 살고 있다. 하나는 생각, 기분, 감정 등으로 이뤄진 내면의 세계다. 다른 하나는 행동의 세계다. 물론 당신은 이게 모두 다 하나의 세계라고 생각할 것이다. 바로 그래서 당신 삶이 지금 이 모양 이 꼴인 것이다. 당신은 두 세상을 합쳐보려고 애쓰며 많은 시간을 보낸다.

그동안 우리는 기분을 바꿈으로써 행동을 바꿔보겠다

는 생각에 점점 더 집착해왔다. 생각이나 기분, 감정을 바꾸면 인생이 달라질 거라고 믿으면서. ……과연 그럴까?

이는 또한 지금 서점에 깔린 수많은 자기계발서를 지배하는 테마다. '자신감을 갖는 7단계 법칙', '30일 만에 자존감 높이기', '습관을 바꾸는 가장 단순한 방법.' 하나같이 어떻게든 주변 상황에 내면 상태를 맞춰보겠다며 헛된 시도를 한다. 마치 그 두 가지를 동기화하지 못하면 삶이 조금도 나아질 리 없다는 듯이 말이다.

이러한 시도는 감정을 재정비하겠다는 생각에서 비롯한다. 새로운 감정 방식이 새로운 행동 방식을 만들어낸다고 그들은 얘기해왔다. 우리가 우울함에서 한 발짝이라도 빠져나오면, 열정에 조금이라도 불을 지피면 내가 가고 싶은 곳으로 나를 데려다줄 그 행동을 시작할 거라고 말한다.

인간으로서 우리가 이루는 모든 성공은 요약하면 지금까지 해온 바와 다른 방식을 취해본 결과다. 우리는 거기에 내 기분의 변화도 포함된다고 착각한다. 그렇게 잘못된 진실을 만들어낸다.

그래, 때로는 감정을 바꾸는 게 행동을 바꾸는 동기부여가 되어주기도 한다. 그러나 현실에서 변화를 일으킬 가장 빠른 방법은 행동을 바꾸는 것이다. 동기부여나 자신감, 그밖에 다른 감정이 없더라도 행동은 여전히 효과를 낸다. 행동 없이 새로운 감정만으로는 아무것도 바꾸지 못한다. 행동을 바꾸면 감정은 따라서 바뀐다. 운동을 시작하기 전보다 하고 난 후에 행복해지는 까닭은 이 때문이다.

가치 있는 모든 것의 시작은 작은 행동 하나였다. 그렇기 때문에 내가 여러분에게 최대한 집중해서, 당신의 뇌가 가진 능력과 에너지를 모두 끌어모아 행동의 세계를 바꾸라고 말하는 것이다. 감정을 조절하기보다 행동을 바꾸고 늘리는 것을 중심으로 인생을 만들어가라.

기분을 끌어 올리거나 자신감을 높이는 건 하나도 잘못된 일이 아니다. 그러나 성공으로 가는 확실한 길은 기분이 별반 차이가 안 날 때조차 행동을 하는 것이다. 기분이 엿 같아도 그 프로젝트를 끝내는 것이다. 초조하거나 겁이 나더라도 그 사람한테 데이트 신청을 하는 것이다. 집중이 잘 안 됨에도 불구하고 아랑곳없이 공부를 하는 것이다.

기분이 별로인 채로 일을 했다고 해서 돈을 적게 주는 회사는 없을 것이다. 그러나 행복해 미칠 것 같아도 일을 하지 않으면 월급은 없다.

중요한 것은 기분이 아니라 행동이기 때문이다.

CHAPTER 6

인생의 퀘스트3:
사랑 LOVE

누군가를 사랑하기로
선택했다면
분명 실망하게 될 것이다

"사람들은 '조건부 사랑'이라는 표현을 쓴다.
그건 사실 사랑이 무언가에 의해
방해받고 있다는 의미다.
망설이고, 재고, 비난하는 것은
사랑이 아니다."

사랑은 인간에게 너무나 대단한 부분이어서 언뜻 복잡하기 그지없어 보인다. 가슴이 터질 듯한 기쁨, 어지러울 정도의 흥분, 뼈가 드러난 듯이 상처받기 쉬운 상태, 종종 심오하도록 깊은 인간적 유대, 그 밖에 신뢰, 불신, 절망, 격정 등 롤러코스터 같은 감정이라면 뭐든지 추가해도 좋다.

행복에 겨워 사랑이 정복하지 못할 것은 없다는 식의 태도를 보이는 사람들도 있다. 반면에 사랑에 대해 완전 체념한 나머지 사랑은 죽은 것이나 다름없다는 사람들도 있다. 당신은 둘 사이 그 어디쯤에 위치할 것이다. 한 발은 담그고 한 발은 빼놓고.

사랑은 인생에서 그토록 중요한 부분인데 왜 그처럼 만져지지 않고 도저히 닿을 수 없는 것처럼 보일 때가 있는 걸까?

사랑은 인생의 아주 기본적인 것 가운데 하나로 우리를 기쁘게 만들기도, 좌절시키기도, 생기가 돌게 만들기도, 파괴하기도 한다. 하지만 사랑은 또한 사람마다 생각이 제각각인 주제이기도 하다. 예를 들어 누구나 '첫눈에 빠져드는 사랑'에 관해 들어보았을 것이다.

로맨틱한 사람들은 그런 게 있다고 주장한다. 딱 맞는 그 사람은 보기만 해도, 목소리만 들어도 알 수 있다고 자신 있게 말한다. 그 특별한 사람을 멀리서 접하는 순간 심장이 요동치며 머리는 아찔해진다. 한 줄기 빛이 구름 사이로 내리비치고 비둘기 떼가 하늘을 날며 희뿌연 사랑의 안개를 뚫고 운명의 상대가 나타나 당신의 품에 안긴다. 두 우주가 충돌하고 별들이 줄을 맞춘다. 그러고 나면 두 사람은 손을 맞잡고 사랑의 열기구 속으로 폴짝 뛰어들고, 거대한 색색의 풍선을 달고 두둥실 성층권까지 영원히 날아간다.

그러던 어느 어두컴컴한 날 당신은 사랑의 열기구에서 추락하는 참사를 맞는다. 지구를 향해 어마어마한 속도로 돌진하다가…… 쿵!

뭐 대충 그런 식이다.

한편 회의적인 사람들은 이런 게 죄다 바보 같다고 생각한다. 그들은 첫눈에 빠져드는 사랑 같은 것은 없으며 사랑의 열기구처럼 말도 안 되는 얘기는 꺼내지도 말라고 한다.

우리가 생각하는 그런 식의 사랑이 존재하긴 하는 건지 의문을 품는 사람들까지 있다. 우리는 새로운 가능성에 현혹된 길 잃은 방랑자들처럼 간절히 그 흔적을 쫓지만, 실제 사랑은 뉴런이 서로 연결되고 신체적으로 반응하는 것에 지나지 않는다는 것이다.

하지만 솔직히 한번 말해보자. "저기, 오래된 뉴런들이 여기서 일렬로 폭발하고 있어. 그러니 우리는 아무래도 결혼해야 할 것 같아"라고 말하는 것은 그리 로맨틱하게 들리지 않는다. 아닌가?

빈틈없는
온전한 사랑

대부분의 사람들에게 사랑이라는 개념은 생각이라는 안개 속 뿌연 수증기 층에 존재한다. 우리가 생각하는 사랑이 논리적인 것이든, 로맨틱한 것이든, 둘 사이 어디쯤 있는 것이든 말이다. 사랑은 사건들의 기억과 그림, 학습된 이상 등등의 복합체가 어떤 습관적 감정 및 행동과 얽힌 것이다.

내가 이 책에서 사랑이라고 할 때는 연인, 가족, 친구, 동물, 식물 모두에게 적용되는 사랑을 말한다. 즉, 당신이 현실에서 사랑을 대하는 방법과 당신에 관한 얘기다. 당신이 스스로를 어떻게 표현하고, 억압하고, 사랑을 이용해 타인에게 죄책감을 불러일으켜 그들을 지배하려 들고, 결코 답할 수 없는 질문의 답이 되어줄 '그 사람'을 찾으려고 절박하게 사람들 사이를 헤집고 다니는지를 말하는 것이다.

당신이 사랑하는 방식을 한번 살펴보라. 당신이 지금 처한 상황, 친구들과 나누는 사랑, 어머니나 배우자, 고양

이, 자녀를 사랑하는 방식 말이다. 사랑을 표현하지 않는 대상도 있을 테고, 원망이나 미움이 커서 사랑은 상상조차 해볼 수 없는 사람도 있을 것이다.

다른 사람을 사랑할 때 생기는 문제 중에 하나는 뇌에서 도파민이 솟구쳐 현실을 왜곡한다는 점이다. 도파민은 많은 것들을 가려서 보이지 않게 만드는데, 연인 간의 사랑에서는 무릎까지 푹 빠진 다음에야 가려졌던 것들이 비로소 드러난다. 당신을 기쁘게 만들었던 그 사람의 어떤 면이 결국 당신을 미쳐버리게 만들 수도 있다. 말하자면 도파민과는 영원히 안녕이고 체념과 의구심이 찾아오는 것이다. 미묘한 원망의 기운이 일상 대화 곳곳에 묻어 있을지 모른다.

어쩔 수 없이 그런 일이 벌어지면 우리는 금세 싸늘해져서 사사건건 따지기 시작하기도 한다. 물론 만사가 그렇듯이 시작은 당신의 머릿속이다. 내리막에 들어가면 이것도 의심스럽고 저것도 의문이 든다. 시간이 흐르면서 의구심은 켜켜이 쌓인다. 여러모로 사랑과 관련한 우리의 인간관계는 죄다 이런 순서를 따르는 편이다. 심지어 부모님이나 친구, 자녀에 대한 사랑까지도 말이다. 하지만 진실한 진짜 사랑은 누군가의 좋은 면만을 높이 평가하는 게 아니다. 연민이나 인간적 품위를 조금이라도 지닌 사람이라면 누구나 다른 이의 아름다운 외모나 성격, 지능 정도는 높이 평가할 줄 안다.

그러나 오래도록 지속되는 강력한 사랑은 내 마음에 드는 몇몇 좋은 면만을 사랑하는 게 아니라, 있는 그대로의 전체를 사랑하겠다고 의식적으로 선택하는 것이다. 절연이나 배신을 해야 하는 시험에 들 때조차 말이다. 여기서 배신이란 꼭 바람을 피우는 것만 말하는 게 아니다.

조금만 깊이 파고들어 보면 당신은 상대를 배신하고 있는 게 아니라 '나는 이런 사람이야'라고 스스로를 정의했던 말, 혹은 '그런 사람이 될게'라고 했던 다짐을 배신하고 있음을 결국 알아차릴 것이다. 이는 자기 자신에 대한 배신이다. 더 최악인 것은 배신 자체가 아니라 당신이 배신을 하고 있지 않은 척하는 것이다. 그게 바로 상처가 된다. 무슨 이유로 어떻게 정당화하든 당신이 사기를 치고 있는 사람은 바로 당신 자신이다. 당신을 그 모든 헛소리에 대한 희생양으로 만드는 게 가끔은 편리할 수도 있겠지만 이건 좀 너무하지 않은가?

정말로 누군가를 사랑하는 것은 그 사람의 전체를 사랑하는 것이다. 좋든 싫든, 그 사람 자체를 사랑하겠다고 선택하는 것이다.

사랑은 본질적으로 무조건적이다. 여기서 무조건적이라는 말은 사랑하지 않고서는 다른 선택이 없다는 뜻이다. 저절로 넘쳐나고, 거부할 수 없고, 온 마음을 다 앗아간다. 이 세상에 존재하는 사랑의 유형은 오직 무조건적 사랑밖에 없다. 사람들은 '조건부 사랑'이라는 표현을 쓴다. 하지만 그건 사실 사랑이 무언가에 방해받고 있다는 의미다. 망설이고, 재고, 비난하는 것은 사랑이 아니다. 그건 무언가를 견디고 살아남기 위한 전략에 불과하다.

그건 그렇고, 사랑은 상처를 주지 않는다. 상처를 주는 것은 '실망'이다. 당신의 기대치가 바로 그 구멍을 향해 당신을 조금씩, 조금씩 몰아간다.

당신이 화가 난 이유는 사랑 때문이 아니다. 화가 난 이유는 당신이 가졌다고 생각했던 그 사랑이 없기 때문이다. 그런 자신을 발견했다면 당신은 사실 상황 속에 있는 것이 아니라 상황 밖에서 그저 머리로 관찰하고 판단하고 있음을 알게 될 것이다. 당신은 더 이상 한때 그랬던 것처럼 사랑 한가운데에 있지 않다.

한편 당신이 정말로 누군가를 사랑할 때, 그러니까 그 밀가루 반죽 같은 당신의 통통한 발가락 끝까지 느낌이 올 만큼 누군가를 사랑할 때면 조건 따위는 안중에도 없다.

10년 뒤건 혹은 열흘 뒤건 미래의 어느 순간에 상대의 '그것'을 도저히 참지 못하는 때가 올 수도 있다. 더 이상 이 사람을 선택할 의지가 없고 급기야 그를 미워하는 때가 올 수도 있다. 어쩌면 상대가 바람을 피웠거나, 무언가 내 것을 훔쳐갔거나, 나쁜 습관을 너무 오래 유지했을지도 모른다. 상대의 삶이 당신의 계획과는 동떨어진 곳이나 당신은 결코 동의한 바 없는 방향으로 멀어져가고 있을지도 모른다.

방해가 되는 게 무엇이든 당신은 더 이상은 상대하고

싶지 않을 수도 있다.

그럴 때 당신은 그럴 의지가 없는 당신의 마음에 책임을 져야 한다. 누구를 탓하지도, 극적인 상황을 연출하지도 마라. 사랑은 끝났다. 이제 당신은 뭔가 새로운 것을 찾을 것이다. 관계를 끝내고 싶다면 처음 그 관계를 시작할 때와 똑같이 조심스럽게 행동하고 예의를 갖추어라. 상대가 어떤 식으로 나오든 상관없이 말이다.

하지만 지금 이 순간 당신이 정말로 사랑하는 이들에 대해서는 그 사람 전체를 사랑해야 한다. 좋은 면과 나쁜 면 모두 말이다. 빈틈없는 온전한 사랑을 해라.

당신의 사랑을
가로막고 있는 것

사랑이 왜 그렇게 중요할까? 인간이란 존재는 사랑을 제외하면 아무것도 아니기 때문이다. 사랑이 우리의 정체성이다. 모든 사람이 마찬가지다.

이 말을 듣자마자 당신은 특별히 고약한 누군가를 떠올렸다. 만약 인간이 사랑이라면 우리 아버지는 왜 그토록 냉소적이며 우리 언니는 왜 그토록 악랄한가? 우리 사장은 왜 그런 머저리인가? 그래, 사람들이 대부분 사랑이 건 맞는데, 그래도 일부 진짜 멍청이가 있지 않은가? 이를테면 내 전남친이나 전부인 같은? ……아닌가?

그러나 장담하지만 모든 사람에게 제일 중요한 가치는 사랑이다. 종종 어린아이들은 너무나 뜻밖의 상황에서도 사랑을 표현한다. 거리낄 것이 하나도 없다. 하나도.

그러나 성장하고 나이가 들면서 우리 삶과 주변의 다른 요소들이 사랑을 차단하기 시작한다. 그래서 우리는 사랑하면서도 사랑을 표현하기를 어려워한다. 마치 다른 길이 있기라도 하듯이 말이다.

알다시피 우리는 온갖 형태의 사랑 앞에서 너무나 쉽게 벽을 치고 금세 싸늘해지고 자주 머리를 굴린다. 기분이 나빠지고, 내 삶을 지배하려들고, 누가 옳고 누가 그른지 따지려고 한다. 사랑 또는 사랑의 보류를 무기로 상황을 뜻대로 전개하려 한다. 지배, 지배, 지배. 그렇다. 나 역시 상처를 입는다고 느낄 때조차 말이다.

오랫동안 잊고 있었지만 젊은 날에 당신은 결심했다. 상처를 입고 거부당했을 때 말이다. 그때 당신이 결심한 바는 생각 깊숙이 가라앉아 당신을 이리 휘두르고 저리 휘두른다. 실망과 비극도 있었다. 그것들은 부지불식간에 쌓여 당신이 가는 방향을 바꾸고, 있는 그대로의 자신을 표현할 수 없게 만들었다.

이쯤에서 당신은 책을 잠깐 내려놓고 사랑의 앞길을 가로막고 있는 게 무엇인지 생각해보고 싶을지도 모른다. 다시 말해 당신의 스토리는 무엇인가? 당신과 주변 사람들 사이에 가로놓인 장벽을 어떻게 설명하겠는가? 당신은 당신의 관점을 고집한다. 이러한 집착은 어쩌다가 서서히 당신의 본모습보다 더 중요하고 더 결정적인 것이 되어버렸는가? 우리는 누구나 내가 만든 현실이라는 작은 비눗방울 안에서 내 삶을 경험한다. 그런데 종종 그 작은 비눗방울을

지키느라 분란을 일으키고 원망을 사는 지경에 이른다.

나라면 나의 정체성과 내가 지지하는 것에서 나오는 힘을 몽땅 다른 누군가의 행동에 넘겨주지는 않을 것이다. 나는 대단한 힘을 갖고 있고, 그건 당신도 마찬가지다. 그렇다면 그에 걸맞게 행동하라.

남들이 나를 규정하는 게 싫다면, 이러저러한 사람이라고 단정하는 게 싫다면 나도 남들에게 그렇게 해서는 안 된다. 다른 사람을 있는 그대로 받아들이지 않으면서 나 자신은 받아들여지기를 바라며 평생 분투해서는 안 된다. 나는 남들을 평가하고 비난할 위치에 있지 않다. 당신도 마찬가지다.

양극단에 있는 두 가지 사례를 한번 보자. 너무 차갑고, 너무 무심하고, 누가 봐도 애정이 부족해서 남들에게 쉽게 상처를 주는 사람들이 있다. 그들은 그렇게 단절된 상태를 유지하려고 기꺼이 투쟁까지 할 것이다. "나는 이게 행복해"라는 말은 마치 "이게 더 안전해"라는 말처럼 들린다. 그 무심함 뒤에는 고립이나 무지가 주는 안전함이 있다. 그 사람들은 그런 식으로 태어나지 않았다. 실은 정반대다.

한편 반대쪽에는 애정이 흘러넘쳐서 매달리는 사람들이 있다. 그들은 애정을 끊임없이 갈구하며 상대를 숨 막히게 만든다. "난 괜찮아. 당신도 괜찮아? 우리 괜찮아? 당신 안 괜찮아? 나도 안 괜찮아!" 그들은 절박함에 초조해한다. 문제는 사랑을 주어도 그 절박한 영혼에게는 소용이 없다는 점이다. 자신도 모르게 사랑이 없는 것에만 목숨 바쳐 매달리고 있는데 어떻게 도움이 되겠는가?

여러분의 마음에 작은 폭탄이 될 수도 있지만, 생각해 볼 거리가 있다. 꼼짝 못 하는 것은 절대로 사람들이 아니다. 어떤 사람에 대해 꼼짝 못 하는 것은 오직 사람들이 말하는 내용이다. 우리는 내가 만든 스토리, 내가 묘사하는 삶에 갇힌다. 한번 갇히고 나면 삶을 특정 관점에서만 보게 된다. 그러면 늘 했던 똑같은 얘기에 똑같이 뻔한 해결책밖에 나오지 않는다. 꼼짝 못 하는 것은 당신이 아니다. 당신의 말이다.

사랑은 찾아내는 게 아니다. 사랑이란 밖에 나가 어느

나무에서 뽑아오거나 술집에 가서 주문하면 나오는 메뉴가 아니다. 사랑은 데이팅 앱에 있는 것도 아니고, 옆자리가 비는 즉시 자신을 내던질 준비가 되어 있는 그 사람에게 존재하는 것도 아니다.

그보다 먼저 당신은 스스로를 살펴보아야 한다. 당신을 방해하는 요소부터 상대해야 한다. 당신의 사랑을 온전히 표현하는 방법을 배워야 한다. 다른 사람의 관심에 당신을 노출시켜야 한다.

사랑에 관한 시각을 바꾸면 사랑에 관해 말하는 법도 바뀐다. 그것들이 우리가 하는 행동을 바꾼다. 새로이 알게 된 사랑 속에서 어떤 새로운 기회들이 나타나는지 지켜보라.

진정한 사랑은
필요나 목적으로 얼룩지지 않는다

어쩌면 당신은 이미 사랑은 이런 것이다, 이런 것이 아니다, 사랑은 이래야 한다, 이러지 말아야 한다 등등 원래 갖고 있던 생각을 방어하듯 주장하고 있을지도 모른다. 어쩌면 당신은 내가 이 책에서 하는 이야기를 현재 삶에 적용하는 데 애를 먹고 있을지도 모른다. 벌써 방어 태세를 취했다면, 뭐가 되었든 방어하고 있는 그것이 당신의 삶이 지금처럼 되는 데 크게 한몫했을 것이다. 당신은 거기서부터 사랑에 관한 생각과 신념을 재고해야 한다. 당신의 삶과 사랑에 건강하고 생기 넘치는 생각이 자랄 수 있는 환경을 조성해야 한다.

누군가를 사랑하기로 선택한 당신은 남들에게 실망하게 될까? 아마도 그럴 것이다. 사람들이 늘 당신이 원하는 방식의 반응을 보여줄까? 아닐 것이다. 당신은 사랑을 이용해 그들을 바꿔놓아야 할까? 아니다. 그건 사랑이 아니다. 그건 사랑을 구실로 어떤 결과를 만들어내는 것이고 그로써 사랑은 가짜가 된다. 절대로 사랑을 어떤 전략이나 무기로 이용하지 마라.

진정한 사랑은 아무것도 바라지 않는다. 진정한 사랑은 필요나 목적으로 얼룩지지 않는다. 다른 사람에게서 사랑을 구하지 말고, 당신이 사랑이 되어 타인을 사랑하라. 사랑하기로 선택하는 사람을 이해하고 받아들여라. 이는 당신의 선택이다. 누군가를 사랑하려면, 아무런 대가도 없이 그 정도로 상처받기 쉬운 상태에 놓이려면 진정한 용기를 내야 한다. 더 이상 누군가를 사랑할 생각이 없다고 인정하는 데도 똑같은 무게의 용기가 필요하다. 무조건 상대를 탓하고 싶은 욕구가 복받쳐도 이겨내야 한다.

어째서 다른 사람을 사랑해야 할까? 왜냐하면 할 수 있기 때문이다. 그뿐이다. 당신이 가는 길에 삶이 무엇을 던지든 진정한 사랑을 추구해야 한다. 인생은 너무 짧다.

CHAPTER 7

사랑에 관한
지혜의 직격탄

사랑할 수 있으므로
사랑하라,
그게 전부다

"사랑에 한계가 그어지기 시작하는 것은
오직 당신이 이 사랑을 저 사랑과 비교할 때다.
딸기를 먹으면서 전에 먹은 치즈와
비슷한 맛을 기대한다면
결코 딸기의 맛을 즐기지 못한다.
치즈의 맛도 딸기의 맛도 모두 사랑이다."

성인이 된 우리는 다른 사람에게 책임을 전가하는 데
많은 시간을 보낸다. 내가 바라는 대로 상대가 행동하지
않거나 내가 원하는 것을 받지 못하면 문제가 심각해진다.
나는 한 사람(때로는 두 사람 모두)이 자신이 바라는 사랑을
끊임없이 상대에게서 찾는 바람에 관계가 무너지는 경우
를 많이 봤다. 끝없는 평가질과 비난만이 이어졌다. 얻어
내느냐 마느냐에 따라 감정은 롤러코스터를 탔다.

한번 생각해보라. 다른 누군가가 내가 원하는 것을 주
지 않는다고 (소리를 내서 혹은 조용히 속으로만 원망하며) 불
평한다. 당신은 그 짐을 상대에게 지운다. 상대는 당신이

사랑받는다고, 원하는 대상이라고, 중요한 사람이라고 느끼게 만들어야 할 것 같다. 절박함과 체념이 슬금슬금 들어찬다. 당신은 그냥 무턱대고 "내 기분 좀 나아지게 해줘"라고 소리치기만 하면 된다.

하지만 안타깝게도 인생은 그런 식으로 작동하지 않는다. 적어도 그런 식으로는 당신이 인생에서 원하는 것을 얻을 수 없다. 당신이 필요로 하는 것을 다른 사람에게서 구한다면 절대로 그 구멍을 채울 수 없다. 그곳은 언제나 뻥뚫린 채로 남을 것이다.

"사랑은 기브 앤 테이크" 혹은 "사랑은 거래"라는 표현을 들어봤을 것이다. 이런 말들은 당신으로 하여금 내 배우자는 어떻게 하고 있나 곰곰이 평가하게 만들고, 저도 모르게 자신이 더 잘해준 경우를 헤아릴 것이다. 이런 말은 서로를 이어주기보다는 오히려 분열시킨다.

인생에 사랑이 충분하지 않다면 문제는 당신한테 있는 것이다. 언제나 마찬가지다. 다른 사람에게서 사랑을 구하는 게 아니라 당신이 사랑을 함으로써 인생에는 사랑이 넘쳐나게 된다. 당신이 사랑해야 할 누군가에게 만족하지 못한다면 그것 역시 당신 탓이다.

절대로 남을 변화시키기 위한 전략이나 조종의 수단으로 사랑을 나누지 마라. 사랑할 수 있으므로 사랑하라. 그게 전부다.

사람이 둘이면 생각도 둘이다, 당신은 어떻게 사랑받고 싶은가

사랑이 무엇이고 어떤 모습이어야 하는지에 대해 우리는 일종의 표준을 마음속에 갖고 있고, 사람을 대할 때도 그 기준을 따른다. 우리가 다투는 이유도 대부분 그 기준 때문이다. 사람들은 대체로 스스로가 '사랑은 이래야 한다'고 규정한 무의식적 기준에 비추어 사랑을 견주고 있다는 사실조차 인식하지 못한다.

그 기준은 나의 관점과 살면서 여기저기서 끌어모은 의

견들의 짜깁기다. 가족 안에서 혹은 친구들 사이, 이전 연애에서 사랑이 어떤 식으로 펼쳐지는지 지켜본 결과다. 문화도 큰 영향을 미친다. 성장한 지역의 사회적 관행이나 문학 작품에 나오는 커플, 심지어 멜로 영화의 대본까지도 사랑이 어떤 모습이어야 하는지에 대한 우리의 관념에 영향을 미친다.

안타깝게도 사랑이라는 게 어떤 모습이어야 하는지를 두고 당신과 상대방은 다른 그림을 그리는 경우가 많다.

당신은 손을 잡는 게 유치하거나 감상적이라고 생각하는데, 상대방은 가슴이 뛸 수도 있다. 당신은 대화 사이사이에 "사랑해"라는 말과 애칭을 쉴 새 없이 속삭여야 한다고 생각하는데, 상대는 일주일에 60시간씩 일하며 돈을 버는 게 가장 깊은 형태의 사랑이라고 생각할지도 모른다. 아니면 말로 표현하지 않아도 느껴지는 어떤 행동이 사랑이라고 생각할 수도 있다.

사람이 둘이면 생각도 둘이다. 사랑하는 방식뿐만 아니라 사랑받고 싶은 방식도 서로 다르다. 한 번이라도 이 점을 생각해봤는가? 여러분은 어떻게 사랑받고 싶은가? 가장 가까운 관계에서 어떤 식으로 사랑받고 싶은가?

진정한 유대감을 형성하는 유일한 방법은 상대에게 효과가 있는 방식으로 사랑을 표현하는 것뿐이다. 그 방식을 찾아내는 방법은 너무나 간단하다. 상대에게 귀 기울이기만 하면 된다. 직접적으로 물어볼 수도 있고, 행동과 느낌으로 힌트를 얻을 수도 있다. 그러면서 조금씩 스스로를 바꿔나가는 노력이 필요하다.

**누군가 당신을 사랑하지 않는 데
당신의 잘못은 조금도 없다**

정말이다. 그게 다다.

여러분에게 해줄 수 있는 말 중에 이보다 더한 진리는 없다. 자괴감이 자신을 휘감을 때 이 말을 떠올려라. 그리고 넘어가라. 다음 연애에 뛰어들어라. 상대는 보통 당신을 탓하겠지만 나중에 자기변명을 늘어놓을 것이다. 늘 그렇듯이 당신이 한 행동에 책임을 지고, 경험에서 지혜를 얻어라.

그들에게는 사랑이 없을 뿐이다. 상대의 마음을 돌려놓아야 한다는 믿음은 집어치워라. TV에서 무슨 이야기를 듣고 잡지에서 무슨 이야기를 읽었든 상관없다. 아무리 그러고 싶더라도 상대의 행동이나 말에서 어떤 단서를 찾는 일도 그만둬라. 인생을 지체하고 미래를 회피하는 일일 뿐이다. 연애보다 자기 자신을 돌볼 때다.

사람들이 그만두지 않고 버티려고 하는 두 가지 이유는 사랑이 흔하게 오지 않을 뿐만 아니라 사랑을 다른 사람이 나에게 주어야 하는 무언가라고 생각하기 때문이다. 둘 중 어느 것도 사실이 아니다. 세상에는 근사한 사람이 넘쳐나고, 당신에게는 그들 모두에게 나름의 만족스러운 방식으로 사랑을 표현할 기회가 있다.

사랑에 한계가 그어지기 시작하는 것은 오직 당신이 이 사랑을 저 사랑과 비교할 때다. 딸기를 먹으면서 전에 먹은 치즈와 비슷한 맛을 기대한다면 결코 딸기의 맛을 즐기지 못한다. 치즈의 맛도 딸기의 맛도 모두 사랑이다.

그들에게 진솔한 당신의 모습을 보여줘라. 전부를 줘라. 그들이 더 이상 사랑을 나누고 싶어 하지 않는다면 나누길 원하는 사람에게로 관심을 돌려라.

인생을 낭비하는 대신
있는 그대로의 상대를 사랑하기로 했다

이 책의 원고를 마감하고 출판사에서 편집이 한창일 때 갑자기 어머니가 돌아가셨다.

돌아보니 나는 운이 좋은 편이었다. 어머니가 돌아가시기 전 10여 년 전에야 비로소 나는 30년간 빠져 있던 신세 한탄에서 깨어났다. 그리고 어머니와의 관계는 내가 하기 나름임을 받아들였다. 그런 새로운 마음가짐이 모든 것을 완전히 바꿔놓았다. 어머니는 조금도 바뀌지 않았다. 내가 바뀌었다.

"중요한 것은 내가 나 자신이 될 수 있는 자유다.
내가 나 자신이 되기 위해서는
남들에게도 그들 자신이 될 자유를
허락해야 한다."

사람들은 흔히 관계에서 자신이 주체적인 역할을 하고 있다고 믿는다. 그러면서 자기 인생의 중요한 관계들이 왜 제대로 돌아가지 않는지 구구절절 설명을 늘어놓는다.

관계들이 제대로 작동하지 않는다는 점에서부터 시작하라. 당신은 자신의 관점을 상자 안에 가둬두고 이게 문제조차 아니라고 꽤나 확신하고 있다. 기적적으로 관점에 균열이 일어날 때까지 자신이 어떻게 갇혀 있는지조차 잘 알지 못한다.

극적으로 기존의 관점을 깨고 나온 나는 엄마를, 어머니의 전부를 사랑하기로 선택했다. '긍정적인 면을 찾아내라'든가 '적당한 거리 두기' 따위의 헛소리는 잊어라. 나는 모든 관념적인 변명은 제쳐두고 사랑을 향해 완전히 뛰어들었다. 다른 무엇보다 사랑에 의지하기로 했다.

그러는 가운데에도 어머니는 그대로였다. 어머니는 한결같이 어머니 자신이었다. 하나도 변하지 않았다. 성정도, 분위기도, 논리도, 행동도 그대로였다. 나는 내가 바라는 어머니상을 고수하며 에너지와 인생을 낭비하는 대신 있는 그대로의 어머니를 사랑하기로 했다.

이게 바로 사랑의 비결이다. 누군가를 있는 그대로 온전히 사랑하는 것 말이다. 상대의 소소한 단점, 지긋지긋한 과거, 불완전한 관점까지 사랑하는 것이다. 그들의 특성을 내 것으로 받아들일 필요는 없다. 상대에게 계속 당해주거나 희생자가 될 필요도 없다. 여기서 중요한 것은 내가 나 자신이 될 수 있는 자유다. 내가 나 자신이 되기 위해서는 남들에게도 그들 자신이 될 자유를 허락해야 한다.

눈앞의 그 사람을 있는 그대로, 오롯이 사랑해보라. 그렇게 했을 때 당신 인생에서 극적인 상황들이 펼쳐지는 장면을 지켜보라.

시간을 두고 이 이야기를 곱씹어보고 더 깊이 파고들어라. 생각을 하고, 메모를 써보며, 완전히 흡수하라. 나의 말들이 지금뿐만 아니라 미래도 완전히 바꿔놓으리라는 사실을 기억하라. 이것들은 당신이 중요하게 여기는 만큼 실제로 중요해진다.

이는 시작에 불과하다. 이 시작이 의미 있는 일이 되게 하라.

CHAPTER 8

인생의 퀘스트4:
상실 LOSS

기쁨도 슬픔도 괴로움도
밀려왔다가 밀려가는 것

"이런 감정을 맞이할 때 중요한 점은
흘러가게 만드는 것이다.
흘러가도록 내버려두어라.
그러면 감정은 알아서
제 길을 찾아갈 것이다."

상실이라는 주제는 그동안 관습과 두려움, 동정표라는 진부한 문화적 보호막에 싸여 쉽게 다뤄서는 안 될 대상으로 여겨졌다. 상실은 흔히 인생에서 중요한 누군가의 죽음과 연결된다. 배우자나 가족일 수도 있고 친구나 반려동물일 수도 있다. 이런 상황에서 우리는 흔히 "누군가를 잃었다"라고 표현하고 비통해한다. 당연한 일처럼 보인다.

그런데 당신의 미래를 끝장내는 또 다른 종류의 상실이 있다. 가랑비에 옷 젖듯이 스며들어 당신은 숨이 막힐 때까지 미처 눈치채지 못한다. 이를 극복하는 것은 거의 불가능해 보이기도 한다.

꿈의 상실, 지금 내 곤궁이나 상황에 대한 답의 소멸이 그것이다. 실제로 우리는 일어났어야 하는데 무슨 이유에선가 일어나지 않은 일에 슬퍼한다. 늘 '비통'이라고 할 만큼 어둡게 느껴지는 것은 아닐 수도 있지만, 건강한 방식으로 인식하고 대처하지 않는다면 매우 실질적이고 타격이 큰 것만은 분명하다. 대부분의 사람은 이런 일을 꽤나 빠르게 극복할 수 있을 것처럼 느낀다. 그러나 착각이다. 당신이 극복했다고 말하는 것은 이걸 꾹꾹 누르고 다른 걸로 넘어가는 중이라는 뜻이다. 그 일은 이제 생각의 배경 속에 살면서 당신을 이리저리 조종하며 상상조차 하지 못하는 역할을 할 것이다. 인생이 오도 가도 못하게 되거나 송두리째 바뀌어버릴 수도 있고 절대로 오지 않을 변화만을 기다리게 될 수도 있다. 후회, 실망, 때로는 원망도 쌓일 것이다.

바랐던 일이 실현되지 않거나 일어나야 할 일이 일어나지 않으면 실질적으로 정확히 잃은 건 없더라도 뭔가를 상실한 느낌을 받는다. 당신은 결국 그 상태에 안주하고 익숙해져서 아직도 거기서 벗어나지 못했음을 제대로 깨닫지 못할 수도 있다.

어쩌면 당신은 아직도 종종 잃어버린 오래된 사랑을 갈망할지 모른다. 그래서 지금 가진 혹은 가지지 못한 관계의 한가운데를 꽉 막고 있을지도 모른다. 당신은 뒤를 돌아보고, 아쉬워하고, 꿈을 꾸고, 비교하고, 스토리를 지어내면서 한 세월을 보낸다. 그러면서 지금 살고 있는 삶에 대해서는 점점 더 체념하고, 과거에 기대했거나 꿈꾸었던 삶만을 그리워한다.

당신은 판타지 속에 살고 있다. 이제는 깨어날 시간이다.

불현듯 찾아온 슬픔이
곁에 머무르는 것을 허락하기

슬퍼하는 것은 인간에게 지극히 자연스러운 표현이다. 삶의 일부로서 어떤 상실을 경험하지 않고서는 인생을 살아갈 수 없다. 그것은 불가능한 일이다. 누군가가 죽었거나 대단한 희망이나 꿈이 사라졌을 때 그 상실을 애도하는 것은 아주 적절한 일이다. 당신의 건강이 쇠하거나 사랑하는 누군가가 떠났을 때도 마찬가지다. 이런 일에 저항할 필요가 하나도 없다. 충분한 시간을 주는 것이 맞다. 이런 감정을 맞이할 때 중요한 점은 흘러가게 만드는 것이다. 흘러가도록 내버려 두어라. 그러면 감정은 알아서 제 길을 찾아갈 것이다. 밀려왔다가 밀려갔다가 하겠지만 그게 바로 삶이다.

일시적인 결의나 분노, 원망 같은 데 기대어보려고 감정의 흐름에 어설프게 개입하지는 마라. 그랬다가는 그런 부차적 감정들이 자칫 실제 상실보다 더 오래 머물 것이다.

대부분의 사람은 자신의 삶에 드리운 상실의 구름과 그 여파가 자신을 어떻게 바꾸어놓았는지 전혀 의식하지 못한다. 때로는 미묘한 그 변화가 인생을 완전히 바꿔놓기도 한다.

예를 들어 누군가의 죽음은 상처를 입는 것과 같다. 그것도 그냥 상처가 아니다. 무언가에 찔리거나 긁히거나 잘린 정도의 표면적인 상처가 아니라, 치명상에 가까운 상처다. 당신을 서서히 죽이는 것과 비슷한 파급력을 갖는다.

대체 저런 걸 어떻게 감당해야 한단 말인가? 심연의 어두운 복도를 구르듯 통과하며 어떻게든 균형을 잡아보려 안간힘을 쓸 때 당신은 과연 무엇을 더 할 수 있을까?

많은 사람들이 시간이 약이라는 긍정의 철학에 기댄다. 무언가 즉각적으로 마음이 놓이기 때문일 것이다. 하지만 그러다가는 자신을 점검할 때마다 아직도 극복하지 못했다는 사실을 깨달을 수밖에 없다. 실제로 언제까지나 결코 극복하지 못할 것이다. 극도의 고통에 빠져 막막하고 암울한 순간에 막연한 희망에 기대본 사람이라면 너절한 긍정의 말 따위 아무것도 바꾸지 못한다는 사실을 알 것이다. 그렇지 않은가?

지금은 세상을 떠난(나는 죽은 사람을 이야기할 때 상실이라는 단어를 붙이지 않는다. 그런 표현을 쓰면 쓸수록 결국에는 상실밖에 남지 않기 때문이다) 내가 사랑했던 사람들을 돌이켜 생각해볼 때, 무언가를 보거나 들으면서 그 사람이 떠올라서 기억이 마음에 아른거릴 때, 나는 잠시 슬픔을 경험하는 것을 나 자신에게 허락한다. 불현듯 찾아온 슬픔이 내 옆에 머무르는 것을 허락한다. 저항하지 않는다. 나는 뭔가를 바꾸려고 하거나 더 철학적으로 깊이 생각하려고 하지 않으며 그걸 어떻게 되돌려보려고 기를 쓰지도 않는다. 그냥 허락한다. 괜찮다. 슬픔이 아무런 방해 없이 나를 훑고 지나가도록 내버려둔다. 그런 다음 일상으로 돌아간다.

나는 또한 이래야 했었는데 하며 후회하는 데 초점을 맞추지 않는다. 이제 와서 그런 가정은 그저 내 삶에 대한 책임을 부정할 수 있는 조그만 도피처에 지나지 않는다. 나는 삶의 방향을 두고 아주 잠깐이라도 나를 운전석에서 밀어내는 것은 무엇이든 관심이 없다. 내가 그들을 얼마나 사랑했는지 곱씹거나 한없이 그들을 그리워하도록 나 자신의 응석을 받아주지도 않는다. 그래 봐야 나와 내 삶에 아무 도움도 되지 않는다.

대신에 내가 그들을 얼마나 사랑하는지 생각해본다. 내가 변함없이 느끼는 것은 그들의 죽음으로 달라진 무언가가 아니라 지금 이 순간에 생생히 느끼는 사랑이다. 그들이 어떤 사람이었는지는 추억 하나하나와 함께 여전히 살아 있다. 나에게는 그들이 내 안에서 영원히 살아 있으며 그것은 오직 내 생명이 다할 때만 끝날 것이다.

내가 그들을 상실했다는 사실을 오랫동안 진실로 받아들여 왔으나 실제로 상실한 것은 아무것도 없다. 과거에 내가 그들과 맺었던 관계에서 지금의 관계로, 관계의 형식만 달라졌을 뿐이다.

나에게 그들은 늘 살아 있다. 그들을 떠올렸을 때 무언가가 사라진 듯한 느낌을 받지 않는다. 나의 일부가 사라졌고 그 부분은 대체될 수 없다고 절망하지 않는다. 오히려 그들에 대한 나의 사랑으로 충만함이나 온전함을 느낀다. 삶에서 무언가를 앗아가는 게 아니라 반대로 내 삶에 무언가를 더하는 방식으로.

알게 모르게 자기 자신에게 부리는 응석을
무작정 받아줘서는 안 된다

어떤 종류가 되었든 상실이 도움이 되려면 당신이 그것을 돌아보면서 힘을 얻을 수 있어야 한다. 중요한 것은 상실을 극복하는 것이 아니라 상실의 위치를 바꾸는 것이다. 상실이 삶의 배경에 녹아들어 있다가 종종 떠올라 당신이 누구이고 과거에는 또 어떤 사람이었는지 일깨우게 만들어야 한다.

아버지의 죽음을 되돌아보면서 이제는 그 어떤 절망감도 느끼지 않는다. 물론 줄곧 그랬던 것은 아니다. 충격과 슬픔에 목이 메었던 날들도 있었다. 끝없이 밀려오는 감정의 물결에 숨을 쉬는 것조차 버거웠던 시간들도 있었다. 그때부터 처음으로 나는 너무나 가까운 사람이 더 이상 물리적으로 곁에 없는 사실을 감내한 채로 삶을 직면하기 시작했다. 아버지가 있던 곳에는 구멍이 뚫렸다. 나는 그 구멍을 무언가로 메워야 한다는 깊은 절망감을 경험했다.

책을 읽고, 누구든 나에게 귀 기울여주는 사람에게 애

"슬픔이 사라지는 시기가 분명히 온다.
그렇게 유효기한이 다했을 때
마음의 중심으로 나 자신을 옮길 준비가
되어 있어야 한다."

기를 털어놓았다. 일을 하고, 명상을 했다. 그러다가…… 마침내 나는 내 경험을 받아들였다. 그건 내 것이었고 내가 감당해야 했다.

많은 사람들은 뭘 해야 하는지조차 알지 못한다. 그래서 그 구멍이 우주를 향해 아가리를 쩍 벌린 채 결국 모든 것을 삼키게끔 내버려둔다. 그 경험을 통해 더 단단해지거나, 우울해지는 사람도 있다. 그러나 이것들은 모두 선택이지, 운명이 아니다.

나는 혼돈의 상황을 겪어내며 스스로 돌파구를 찾아냈다. 여러분도 그렇게 할 수 있다.

한 가지는 분명히 하고 넘어가자. 6개월이 되었든 1년 혹은 2년이 되었든 언제나 스스로에게 충분히 슬퍼할 시간을 주어야 하지만, 유효기한도 있다는 사실이다. 그날이 언제인지는 아무도 말해주지 않는다. 그것은 오직 당신만이 결정할 수 있는 것이고 당신의 성향, 그 사람이나 상황과의 관계, 삶에 대한 철학 등 당신만이 가진 여러 요소에 따라 달라질 것이다. 그렇게 슬픔이 더 이상 유용하지 않고 사라지는 시기가 분명히 온다. 그게 당신의 삶을 끌어내리든, 당신의 실존을 정당화하는 무기로 사용되든 간에 말이다.

알게 모르게 자기 자신에게 부리는 응석을 무작정 받아주어서는 안 된다.

종종 현재 무언가를 설명하거나 자신에 대한 평계를 대는 데 상실을 얼마나 자주 이용하는지 보면 상실의 유효기한을 알 수 있기도 하다. 일이나 가족 혹은 삶 자체에서 어떤 압박을 느낄 때 번번이 그 상실을 들먹인다면 당신의 상실은 이미 유효기한이 다했을지도 모른다. 스스로도 잘 알 것이다. 매번 그 카드를 들이밀면 통한다는 사실 말이다. '설마' 하며 사람들이 이런 행동을 하지 않을 거라고 생각지는 마라. 사람들은 분명히 그렇게 한다. 다만 스스로가 그런 사람이 되지는 않도록 노력해야 한다.

그리고 유효기한이 다했을 때 마음의 중심으로 나 자신을 옮길 준비가 되어 있어야 한다. 스스로의 힘을 약화하는 것이 아니라 강화하는 새로운 장소로 그 슬픔을 옮길 준비가 되어 있어야 한다.

쉽지는 않을 것이다. 상실은 감당하기 힘든 일이니까. 상실을 겪은 후 인생이 완전히 달라져버리는, 자기 자신까지도 완전히 변해버리는 사람들도 있다. 실망과 후회만이 남는 삶 말이다.

당신이 그런 사람이 될 필요는 없다.

당신에게 힘을 주는 방향으로 그 상실을 상대하기를. 당신은 언제나 선택할 수 있다.

WISE AS FU*K WISE AS FU*K WISE AS FU*
WISE AS FU*K WISE AS FU*K WISE AS FU*K WIS
*K WISE AS FU*K WISE AS FU*K WISE AS FU*
WISE AS FU*K WISE AS FU*K WISE AS FU*K WIS
*K WISE AS FU*K WISE AS FU*K WISE AS FU*
WISE AS FU*K WISE AS FU*K WISE AS FU*K WIS
*K WISE AS FU*K WISE AS FU*K WISE AS FU*
WISE AS FU*K WISE AS FU*K WISE AS FU*K WIS
*K WISE AS FU*K WISE AS FU*K WISE AS FU*
WISE AS FU*K WISE AS FU*K WISE AS FU*K WIS
*K WISE AS FU*K WISE AS FU*K WISE AS FU*
WISE AS FU*K WISE AS FU*K WISE AS FU*K WIS
*K WISE AS FU*K WISE AS FU*K WISE AS FU*
WISE AS FU*K WISE AS FU*K WISE AS FU*K WIS
*K WISE AS FU*K WISE AS FU*K WISE AS FU*
WISE AS FU*K WISE AS FU*K WISE AS FU*K WIS
*K WISE AS FU*K WISE AS FU*K WISE AS FU*
WISE AS FU*K WISE AS FU*K WISE AS FU*K WIS
*K WISE AS FU*K WISE AS FU*K WISE AS FU*

CHAPTER 9

상실에 관한
지혜의 직격탄

버겁다는 느낌은
삶이 확장되고 있다는
신호다

"중요한 것은 다음이다. 상실 이후의 삶.
연민과 이해는 필요하다.
그러나 당신에게는 미래도 필요하다.
우리는 슬퍼하면서도 자기 삶을 살아갈 수 있다."

"무언가를 극복할 수 없는 유일한 이유는 당신이 그걸 붙들고 있기 때문이다."

이렇게 말하면 사람들은 쉽게 분노한다. 나도 충분히 이해한다.

두 가지 이유가 있다. 우선 상실이라는 주제는 사회적으로 금기시되는 경우가 많다. 마치 원자로의 노심에 접근하듯이 극도로 조심스럽게 다뤄야 하는 주제다. 많은 사람들에게 상실은 '접근 금지' 영역이다. 혼자 잠시 조용히 머물 수 있고 남들은 아무도 따라 들어올 수 없는, 그런 안전

지대 말이다. 사람들은 종종 본인의 건강과 관련해서도 똑같은 함정에 빠진다. 이런 것들은 너무나 쉽게 삶의 압박에서 벗어나는 탈출구가 된다. 내 말은, 누군가 "나 지금 아파", "우울해", "슬퍼"라고 한다면 시비를 걸지 않는 편이 좋다는 뜻이다.

두 번째 이유로 사람들은 자신이 과거의 무언가를 붙들고 있다는 사실을 대부분 알지 못한다. 그들의 머릿속에서는 무언가가 자신에게 매달려 있다고 느낀다.

나는 살면서 숱한 상실을 경험했고 그런 사람들을 많이 도와주기도 했다. 상실의 고통에 몸부림칠 때, 그 극심한 공허감에 붙잡혀 있을 때면 손 쓸 수 있는 일은 아무것도 없는 것처럼 느껴진다. 그저 상실에게 내맡겨져 있고 앞으로 어떤 일이 펼쳐지든 나는 조금도 관여할 수 없는 것처럼 느껴진다.

그런 나에게 누군가가 "힘내"라든가 "그만 놓아줘"라고 하면 화가 치민다. 당신 또한 화가 나기 시작하거나 방어적이 된다고 느낀다면, 잠시 눌러두고 나와 함께 생각을 좀 해보자. 당신이 생각해볼 문제가 있다.

자신에게 이렇게 물어보라. '이 상실이 지속된다면 나는 어떤 삶을 살게 될까?', '나는 이 상실을 무엇에 대한 핑계로 사용하게 될까?', '내가 이 상실에 관해 더 이상 이야기할 수 없게 된다면 나는 삶에서 무엇을 직시해야 할까?'

위 질문에 대한 답들 속에 당신이 붙들고 있는 그것이 있다. 회피하는 것도, 정당화하는 것도 그 속에 있을 것이다. 직면하기에 불편한 문제일 수 있음을 안다. 괜찮다. 할 수 있다. 당신은 상황을 뒤집어엎고, 반대편을 보며 포효하고, 다시 삶을 살아갈 준비를 할 수 있다.

많은 사람들이 상실을 겪으면서 수반되는 고통을 내가 하지 않는 일과 결부한다. 우리는 흔히 "나는 X, Y, Z를 하지 않을 거야. A를 감당하고 있으니까"라고 말한다. 무의식적으로 관련짓고 그것을 탈출구로 삼아 상실 이후의 삶을 생각하지 않으려 한다. 우리는 자주 이렇게 말한다. "술을 많이 마시긴 하지만…… 나는 OO를 극복할 수가 없어", "살이 찌고 있지만…… 그건 이혼 때문이야", "내 연애에 문

"괜찮다. 할 수 있다.
당신은 상황을 뒤집어엎고,
반대편을 보며 포효하고,
다시 삶을 살아갈 준비를 할 수 있다."

제가 있긴 하지만…… 그건 엄마가 돌아가셨기 때문이야."

그러나 이런 것들은 서로 아무 관련이 없다. 당신이 그
것들을 서로 관련짓고 있을 뿐이다.

그렇다. 엄청난 상실로 술을 마시는 게, 폭식하는 게, 사
람들을 멀리하고 차단하는 게 혹시 해결책이 될지 모른
다고 생각은 해볼 수 있다. 하지만 그것들은 서로 인과관
계가 없다. 이런 것들이 서로 인과관계가 있는 현상이라
고 주장한다면 당신은 이제 아무것도 해결할 수 없다. 이
는 마치 무기력하게 양손을 들고 나가버리는 행위와 같아
서 그 누구도 당신 삶에 간섭할 수 없게 만든다. 그건 당신
잘못이 아니기 때문이다. 문제는 이게 누구 잘못이고 누구
탓인지는 중요하지 않다는 점이다. 그런 것은 아무도 신경
쓰지 않는다. 이제 와 그런 것들은 중요하지 않다.

중요한 것은 다음이다. 상실 이후의 삶. 그리고 이는 절
대로 당신 마음속에 떠오르는 그림처럼 암울하지 않다. 그
그림이 아무리 고통스럽고 힘 빠지는 것처럼 보이더라도
말이다.

우리는 슬퍼하면서도 자기 삶을 살아갈 수 있다. 여느 때처럼 출근을 하고, 체육관에 가고, 가족들과 시간을 보낼 수 있다. 상실감에 몸과 마음을 빼앗길 필요는 없다. 상실 때문에 한없이 가라앉거나 발목이 잡히거나 다시는 회복하지 못할 방향으로 엇나갈 필요도 없다. 물론 시간이 걸린다. 연민과 이해도 필요하다. 그러나 당신에게는 미래도 필요하다. 상실과 함께 살아가는 법을 배워서 다음의 삶을 살아야 한다.

오늘 역시
다시 돌아오지 않을 하루다

이따금 사람들이나 어떤 상황이 내 삶을 이탈하는 모습을 지켜본다. 시간이 지나면 후회와 아쉬움, 미련 같은 어두운 감정들이 무겁게 마음을 짓누르고 구속한다.

우리는 상실을 경험하고 부재를 겪으면서도 여전히 이전과 똑같은 방식으로 살아간다. 실제로 바뀌는 것은 아무것도 없다. 우리는 좀 더 눈물이 많아지고 기운이 꺾이고 길을 헤매일 뿐이다. 때로는 분노나 원망의 감정이 들어앉기도 한다.

물론 모든 사람이 그런 것은 아니다. 어떤 사람들은 상실을 겪으면서 깨달음을 얻는다. 그들은 '내가 대체 뭘 하고 있는 거야?' 하고 당황하며 지금까지의 삶과 다르게 살기로 결심한다. 커리어를 바꾸고, 건강을 관리하고, 완전히 딴 사람이 되겠다고 선택한다.

슬픔이 이런 식으로 작용하게끔 초점을 다시 맞출 방법은 누구에게나 있다. 몇 번의 눈물과 후회를 끝내고 마침내 진정으로 긍정적인 사고와 행동으로 승화할 수 있다.

그리고 인생을 새롭게 살기에 자신의 죽음을 직면하는 것보다 더 좋은 방법은 없다. 나 또한 실제로 죽는다는 사실을 인지함으로써 내 삶에도 끝이 있음을 이해하라.

당신도 언젠가는 죽는다. 내일이 될 수도 있고, 50년 뒤가 될 수도 있다. 그 점을 마음 깊이 이해한다면 당장 엉덩이가 들썩들썩할 것이다.

가까운 누군가가 죽었을 때만큼 나 자신의 죽음에 가까워질 기회는 드물다. 아버지가 돌아가신 후에 곧잘 생각했다. '아버지가 살아계셨다면 내가 사는 모습을 보고 어떤 기분을 느끼셨을까?'

그때마다 정신이 번쩍 들었다. 뺨을 한 대 얻어맞은 기분이었다. '내가 대체 뭘 하고 있는 거야?' 하고 느낀 순간이었다. 이런 생각이 내 삶의 궤도를 바꿔놓았다.

변화는 한순간에도 시작된다. 오늘부터 시작할 수 있다. 지금 당장 변화의 첫 발걸음을 뗄 수도 있다.

보통은 물리적인 시간이 지나야 변화가 일어난다고 생각하는 경우가 많다. 일부는 진실이기도 하다. 그러나 그럴 때 우리가 정말로 목격하는 것은 일련의 연쇄적 변화다. 중요한 하나의 순간을 시작으로 무수한 작은 것들이 바뀐다.

지금이 바로 그 순간이 될지도 모른다. 오늘이 당신에게 그날이 될 수도 있다. 당신이 경험한 그 죽음, 당신이 느끼는 슬픔이 스파크가 되어 큰불이 일고, 당신이 앞으로 나아가는 계기가 될 수도 있다. 슬픔을 바라보는 방식만 바꿀 수 있다면.

버겁게 느껴져도 괜찮다, 마땅한 일이며 영원하지 않다

상실을 마주하면 많은 사람들이 불가항력처럼 무기력에 완전히 압도되는 경험을 한다. 인생이 너무 힘들고, 버겁고, 복잡하다. 내 문제를 똑바로 볼 수가 없다. 젠장. 이 불 밖으로 나가기조차 힘들다. 아무리 동기를 부여하고 자극을 해봐도 이 무력감을 뚫지는 못할 것 같다.

버겁다는 느낌은 삶이 확장되고 있고 당신이 그 확장을 감당할 수 없는 지점에 왔다는 신호일 때가 있다. 그 경우에는 이전과 같은 방식을 고수할 수가 없다. 어쩌면 삶을 대하는 방식을 다시 살펴보아야 할지도 모른다. 한 가지는 확실하다. 여전히 당신 그대로인 채로는 확장은 어렵다.

사람들이 버거움에 힘겨워하는 가장 큰 이유는 어쩐지 이런 식이어서는 안 될 것 같은 느낌을 받기 때문이다. 궁극적으로 사람들은 애초에 자신을 버겁게 만든 원인보다는 버겁다는 느낌 자체를 더 견디기 힘들어한다. 말하자면 우울해졌다는 사실에 우울함을 느끼는 것과 비슷하다.

물론 행복함을 느낄 때는 대부분의 사람이 이렇게 반응하지는 않는다. 삶의 모든 것들이 순조로울 때 하늘을 향해 목소리를 높여 "왜 하필 나인가요? 나는 왜 이렇게 행복한가요?"라고 외치지는 않는다. 그러나 무언가가 버거워지기 시작하면, 사람들은 동요하고 불평하면서 현재에 반감을 가진다. 그게 지금 벌어지는 상황에 아무런 도움이 되지 않더라도 말이다.

살다 보면, 특히 누군가가 죽거나 꿈을 잃었을 때는 어쩌면 버거워하는 게 당연하고 적절하다고까지 말할 수 있다. 한계에 달했을 때는 그렇게 느끼는 게 당연하다. 힘이 들고,

무력감에 사로잡힐 것이다. 길을 잃은 듯한 막막한 느낌이 들 것이다.

이 점을 염두에 둔다면 버겁다는 느낌에 대한 해답은 그 느낌에 맞서 싸우거나 씨름하는 게 아니다. 힘겨워야 할 것 같은 혹은 정반대로 숨어야만 할 것 같은 무의식적인 욕구를 놓아줘라. 지금 당신의 상황을 받아들여라. 해답은 버거워도 괜찮다는 사실을 깨닫는 것이다. 그런 느낌은 종종 밀려왔다가 물러갈 것이다. 분명히 스트레스를 받고 얼마간 갈팡질팡할 테고 어쩌면 좀 정신을 못 차릴 수도 있겠지만, 그래도 당신은 살아남을 것이다. 건강과 행복을 챙겨라. 자신을 돌보고 성장시키는 데 필요한 일이라면 무엇이든 하라. 하지만 좀 더 밀고 나가도 괜찮다.

그런 느낌이 영원하지는 않을 것이다. 거기에는 시간제한이 있다. 결국 당신은 지금 겪고 있는 그 뭣 같은 일을 극복하든지 아니면 거기에 대처하는 데 너무나 익숙해져서 더 이상 조금도 힘들지 않은 경지에 이를 것이다.

깊은 숨을 들이쉬어라. 산책을 나가라. 현재와 이어지는 일을 하라. 그리고 당신이 존재하는 이유를 상기하라. 당신이 이러고 있는 이유를 기억하라. 상실이라는 이 어려운 상황을 어떻게 헤쳐나가느냐에 따라 당신이 힘을 얻는다는 사실을 기억하라. 이는 결코 사소한 일이 아니다.

CHAPTER 10

인생에서 정말로
중요한 것에 눈을 떠라

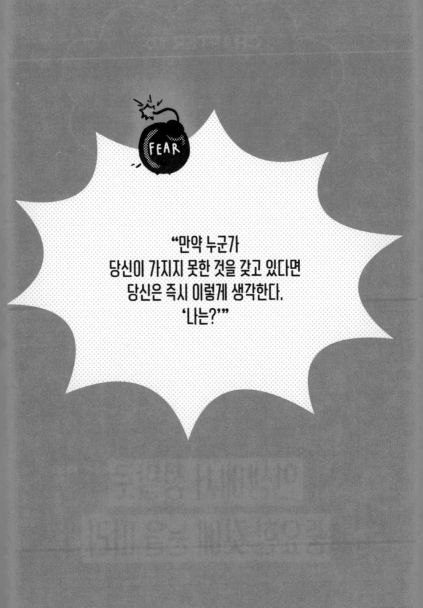

이제 헤어질 때가 다 되어가니 여러분에게 정말로 인생을 바꿀 수 있는 무언가를 전해주고 싶다.

지금까지 다룬 인생의 몇 가지 영역을 공략하고, 곰곰이 생각해 인생의 지침을 마련하는 것은 이제 여러분의 몫이다. 두려움이나 성공, 상실과 관련해 그동안 당신을 경로에서 이탈하게 만들었던 것은 무엇인가? 폐기해야 할, 그동안 사랑에 관해 당신이 만들어놓았던 잘못된 가정은 무엇인가? 그동안 매일같이 오락가락하며 생각과 반응을 좌우했던 감정이나 사건은 접어버리고 원하는 바로 그 삶을 당당히 차지할 수 있느냐는 진정으로 당신에게 달려 있다.

내가 열다섯이나 열여섯쯤 되었을 때 가장 친한 친구와 우리의 미래를 궁금해했던 일이 기억난다. 친구는 내게 물었다. "너는 뭘 하고 싶어?"

내가 답했다. "모르겠어. 그치만 내가 죽은 다음에도 남는 그런 거면 좋겠어."

저 말이 인생을 바꿀 계기가 되어 내가 지금과 같은 사람이 됐다고 말한다면 아주 드라마틱한 이야기가 되겠지만 실제로 그런 것은 아니었다. 그냥 어느 여름날 스코틀랜드의 하늘을 올려다보며 입에서 나오는 대로 한 말이었고, 뒤이어 지루하고 시시한 대화를 나누면서 그 말은 그대로 묻혀버렸다. 아마도 음악과 축구에 관한 얘기를 했지 싶다.

알고 보니 나는 음악에도, 축구에도 소질이 없었다.

마흔이 될 때까지 힘겨운 인생과 씨름했고 되는 일이 거의 없었다.

평범하고 눈에 띄지 않는 삶을 살았다. 그리고 그건 단순히 내가 평범해서 그런 것만이 아니라 그 늪에서 빠져나오게끔 나를 강제할 무언가를 할 준비가 되어 있지 않았기 때문이었다. 사실상 나는 하루하루 뻔하고 뻔한 걱정 외에는 그 어디에도 내 삶을 제대로 사용하고 있지 않았다.

돈을 벌고, 친구를 사귀고, 배우자를 찾고, 집을 사고, 휴가를 가고, 불평을 하고, 즐겁게 놀고, 불평을 하고, 좀 더 즐겁게 놀고, 또 불평하고, 청구서를 납부하고, 남보다 앞서려고 노력하고, 한두 개 꿈을 좇고, 또 휴가를 가고, 청구서를 납부하고, 더 큰 집을 사고, 더 큰 차를 사고, 가족들과 잘 지내려고 노력하고…… 알 것이다. 내 말은, 남들도 다 그렇게 살고 있었다. 그러니 나라고 달라야 할 이유가 무엇인가?

여러분의 삶도 아주 비슷할 것이다.

나는 마흔이 될 때까지 제대로 깨어 있지 않았다. 그때까지 머릿속에 갇혀 내가 만든 조그만 유리병 안의 현실적인 것을 추구하고 있었다.

줄곧 그렇게 살았다면 이후의 내 삶에는 후회만 남았을 것이다.

그러다가 나는 자문하게 됐다. '계속해서 이렇게 산다면 결국은 어떻게 될까?' 내 미래는 구렁텅이에 빠질 거라는 날카로운 답이 돌아왔다. 나는 고생하고, 기대를 놓지 못하고, 애를 쓰다가 죽을 것이 뻔했다. 희망 섞인 낙천주의를 신경 안정제처럼 사용하고 깊은 생각은 그냥 포기하고 살았을 것이다. 이제 당신 차례다. 그렇다면 당신의 답은 무엇인가?

잠시 당신에 관해 생각해보라. 만약 누군가 당신이 갖지 못한 무언가를 갖고 있다면 당신은 즉시 이렇게 생각한다. '나는?' 우리는 남의 연애를 보면서 나는 얼마나 행복한지 비교한다. 또는 누가 나를 불행하게 만드는지 생각한다. 다른 사람이 자유롭게 행동하는 모습을 보면 그게 마치 나의 자유를 침해하는 것처럼 보일 때도 있다. 우리는 밖을 보다가 안을 본다. 밖을 한 번 보고, 안을 한 번 보고, 계속해서 비교한다. 무언가가 부족하다는 함정에 빠진 채로 말이다.

"우리는 밖을 보다가 안을 본다.
밖을 한 번 보고, 안을 한 번 보고,
계속해서 비교를 한다.
무언가가 부족하다는 함정에 빠진 채로 말이다."

당신 삶의 궤적을 한번 살펴보라. 지금 당신이 참아내고 있거나 미루고 있거나 힘겨워하고 있거나 고전하고 있는 그 모든 것들. 마음의 눈으로 그 나선 계단을 따라 끝까지 내려가라. 당신의 그 지긋지긋한 인간관계, 체형, 금전 상황, 열정. 당신의 현실을 생각해보라. 당신이 이끌어가고 있는 그 모든 것의 무게. 이번 생은 다음 생을 위한 리허설이나 이론이 아니다. 이게 전부다. 이게 바로 당신의 삶이다.

앞으로도 쭉 지금처럼 산다면 당신 삶은 어떻게 될 것 같은가?

그 길을 계속 갔을 때 따라올 차갑고 엄중한 현실을 당장 한번 머리속으로 그려보라.

그려봤는가? 됐다. 심호흡을 하라. 깊이 들이쉬고 내쉬어라.

당신은 그렇게 될 필요가 없다. 바뀔 수 있다. 오늘 당장 바뀔 수 있다. 당신이 몇 살이든, 이미 망쳐버렸다고 생각하든, 얼마나 깊은 함정에 빠졌다고 낙담하든 상관없다. 나는 당신에게 진짜 삶, 살 만한 삶, 제 궤도를 달리는 삶, 꾸준한 삶, 현명한 삶을 사는 법을 끝까지 알려줄 것이다.

전략적 기여는
그만둬라

어쩌면 당신은 선한 의도로 주위 사람들을 돕고 있다고 생각할지 모른다. 그러나 그것 역시 무언가를 얻기 위해 당신이 취하는 또 하나의 전략이라면 어쩔 텐가? 그 일이 그토록 힘 빠지는 이유는 당신이 진정으로 좇고 있는 바로 그것을 제대로 가져다주지 않기 때문이라면? 당신이 자신에게 뭐라고 말하든, 그 일을 하는 데 힘이 나지 않는다면 바로 당신이 숨겨진 욕망이나 욕구 때문에 움직이고 있다는 신호다. 물질적인 보상이든, 칭찬이나 자부심처럼 기분 좋은 어떤 감정이든, 아니면 일종의 우월감 또는 과거에 대한 속죄든, 뭐가 되었든 당신은 보람 자체 말고 다른 무언가를 좇고 있다.

다시 말해 그 일은 진심이 아니다. 진짜가 아니다. 나는 그런 것을 전략적 기여라고 부른다. 당신이 쓰레기를 내다버리는 것은 나중에 배우자에게 쓸 수 있는 어떤 점수를 쌓기 위해서다. 전략이다. 당신이 어느 비영리단체에서 자원봉사를 하는 것은 당신에게 죄책감과 수치심을 느끼게하는 뭔가 아주 어두운 생각들보다 당신은 분명 나은 사람이라고 스스로를 설득하기 위해서다. 전략이다. 당신은 친절하고 온정적이지만 정말로 원하는 것은 남들이 당신과 대치하지 않게 만들어서 그들을 고분고분하게 조종하는 것이다. 전략이다. 당신이 자녀의 숙제를 도와주는 이유는 자녀가 성공하기를 바라기 때문이다. 하지만 실제로 그것은 남들 앞에 당신이 훌륭해 보이기 위해서다. 전략이다.

이 모든 것들은 다른 무언가를 만들어내려는 노력이다. 당신의 기여가 무엇이든 마찬가지임을 알게 될 것이다. 궁극적으로는 하나같이 당신이 중심이다. 당신 눈에는 보이지 않거나 처음에는 받아들이기 힘들더라도 말이다.

"하지만 작가님, 설사 전략적이라고 해도 나쁜 행동은 아니잖아요. 분명히 좋은 일인데요?"

세상에 좋은 일을 하는 것은 일반적으로 좋은 일이다. 조그마한 좋은 일도 모두 도움이 된다. 하지만 이 책은 여러분이 현명한 삶을 살게 하기 위한 책이다. 여러분을 충족시켜주는 삶 말이다. 선행을 하는 내내 전략이라는 꼬리표를 붙이고 다닌다면 절대로 원하는 것을 얻지 못할 것이다.

그것은 가짜 선행이기에 힘들게 느껴질 뿐만 아니라 교활한 일이기도 하다. 당신은 남들이 볼 수 없는 게임을 하고 있는 셈이다(당신처럼 남들도 아마 그들만의 의심을 갖고 있을 테지만). 당신이 하는 일과 실제로 의미하는 게 전혀 다르다는 얘기다. 그리고 사람들이 당신이 숨겨둔 전략에 반응하지 않으면 당신은 화가 난다. 그러면 원망이 찾아든다.

삶을 재창조하려면, 탈피해야 하는 허물처럼 늘 포기해야 하는 것들이 있을 것이다. 당신의 전략이 바로 그런 것들 가운데 하나다. 사람들을 조종하기 위한 뻔한 전략은 내려놓고, 더 깊은 곳에 있는 본질적인 전략들을 찾아봐야 한다.

당신의 두려움과 걱정, 희망을 정리하라. 그리고 넓은 곳으로 나와서 살아라. 원하는 것을 언제나 얻기는 어렵겠지만, 생각은 또렷해질 테고, 다음 것, 다음 것, 그다음 것에 대비하는 동안 짐은 가벼워질 것이다.

당신은 스스로가
중요하지 않은 사람처럼 살고 있다

우리 사회에서는 거의 모든 사람이 부와 인정, 존경을 향해 달려간다. 그러나 잠시 시간을 내어 사람들이 그런 꿈을 이룬 다음에는 뭘 하는지 살펴본다면 인간의 진정한 원동력이 무엇인지 알게 될 것이다. 실제로 우리를 충족시키고 성장시키고 서로 연결해주는 게 무엇인지 알게 될 것이다.

사람들이 자신의 숙원이라 여기던 바를 마침내 이루고 나면, 그러니까 자기만의 무지개 끝에 도착하고 나면 어떻게 하는지 한번 살펴보라. 산처럼 쌓인 돈도, 명예도 더 이상 아무 의미를 띠지 못하게 되는 순간 사람들은 자연스럽게 진정으로 인류에 기여하고 싶은 욕구를 느꼈다. 스티브

잡스나 빌 게이츠 같은 사람들부터 그 옛날 록펠러에 이르기까지 그들은 다른 사람을 위해 세상을 바꾸는 데 인생을 바치기 시작했다. 세상을 바꾸는 것 외에 다른 의도는 전혀 없었다.

그렇다면 당신은 무엇을 바꾸는 데 기여하고 있는가?

아무런 변화에도 기여하고 있지 않을 것이다.

기분 나쁘게 듣지 마라. 생존과 성공이라는 신기루에서 잠시 눈을 떼고, 체념과 이유와 변명을 옆으로 치워두고, 내 이야기를 들어봐라.

당신은 삶 자체에 의식적인 영향력을 행사하고 있지 않다. 당신은 기여하고 있지 않다. 당신의 영역이라고 생각하는 그 조그만 공간에 너무나 몰입한 나머지, 살아 있다는 게 무엇인지 놓치고 있다.

남들과 마찬가지로 당신도 자신에게 노예처럼 끌려다니고 있다. 자신의 응석을 받아주고 스스로 만들어낸 경쟁의 영원한 노예가 되고 말았다. 뻔한 감정과 기분을 오갈 뿐, 당신이 훨씬 더 훌륭한 일도 해낼 수 있다는 사실을 전혀 모른다. 왜일까? 이기심 때문은 아니다. 비록 그 결과는 이기적이지만 말이다.

당신은 모든 것이 완벽한 미래가 있고 그곳에 도착해야 한다는 생각에 사로잡혀 있다. 그곳에 이르기까지는 비명을 지르고 발길질을 하고 물어뜯기라도 해야 한다고 생각한다. 저 깊은 곳에서 당신은 자신이 무언가를 바꿀 수 있다고 생각하지 않는다. 대단한 힘을 발휘하기에는 자신이 너무 작고, 힘없고, 충분한 능력도 없고, 똑똑하지 않고, 필요한 카리스마나 명성 따위도 없다고 생각한다. 어쨌거나 나는 겨우 80억 명 가운데 하나에 불과하지 않은가? 군중 속에 묻힌 얼굴 하나, 끝없는 점들로 이뤄진 광대한 우주 속의 희미한 점 하나에 지나지 않는다고 생각한다. 그래서 당신은 지레 체념한 채 별 볼 일 없고 의미도 없는, 작디작은 그 게임만 계속하기로 한다.

당신의 게임.

그러면서 의아해한다. 나는 왜 썩 행복하지도, 만족하지도, 충족하지도 못하는가?

당신이 그런 변화를 초래할 수 없고 자신의 삶에 영향력을 미칠 수 없다면, 남들처럼 당신도 근본적으로 나는 힘이 없다고, 큰 그림에서 나는 중요하지 않다고 생각하고 있는 게 틀림없다. 그렇다. 당신은 당신이 중요하지 않다고 생각하고 있다.

이 부분을 곰곰이 생각해보라.

충분히 한번 생각해보라.

바로 이거다. 당신이 왜 지금처럼 살고 있는지를 알려주는 가장 직설적이고도 적나라한 대답.

잘 생각해보면 당신도 바로 이 결론에 이를 것이다. 당신이 뭐라 말하든, 뭐라 생각하든 당신은 스스로가 중요하지 않은 사람처럼 살고 있다. 감정, 기억, 무의식적 반응과 같은 여러 개의 층 아래 어디에선가 우리는 '충분히 훌

릉하지 않다', '아무것도 바뀌지 않을 것이다', '내 삶이라는 테두리를 벗어나면 궁극적으로 나는 필요하지 않은 사람이다'라고 느끼고 있다.

남들은 무언가를 바꿔보려는 당신의 시도를 비웃거나 조롱할지도 모를 일이다. 여기서도 당신은 남들의 반응으로 자기 자신을 규정한다. 그렇지 않은가?

마음 깊숙한 곳에서 당신은 '나는 중요하지 않아'라는 생각으로 삶을 대하고 있다. 이는 철저한 반역이다. 내 손으로 자아에 상처를 입히는 배반 행위다. 지금 그토록 고군분투하는 까닭은 어떻게든 당신이 중요하다는 혹은 머지않아 중요해질 거라는 사실을 증명하기 위해서다.

놀라운 힘을 갖고 있음에도 불구하고 좀스럽고, 하찮고, 칙칙해진 것은 스스로를 애지중지하면서 안전함을 유지하려는 당신 자신 때문이다. 세상이 당신을 그렇게 만든 게 아니다. 엄마 때문에, 전여친 때문에, 전남편이나 당신의 과거 때문에 이 사달이 난 게 아니다. 당신 때문이다. 당신이 치밀하면서도 냉철하게 문제를 키웠다. 당신은 당신을 지워버렸다.

어쩌면 당신은 이미 몇 페이지 앞에서부터 자신만의 논리를 펼쳐왔을지도 모르겠다. 당신이 청구서를 납부하거나 체중을 감량하거나 그 일자리, 그 사업, 그 학위를 손에 넣는 데 고전하고 있는 이유를 열심히 설명하고 있었을지도 모르겠다. 어쩌면 당신에게는 그냥 자신감을 훅 불어넣어 주거나 과거를 잊거나 트라우마를 극복하도록 도와줄 손길이 필요할지도 모르겠다. 아마도 당신은 아주 가까운 사이가 아니면 누구에게도 아무런 영향력을 미칠 수 없고 스스로 기술이나 노하우가 부족하다는 사실을 알고 있을 것이다. 그래, 그래, 나도 안다. 당신은 억만장자도 아니고 동원할 수 있는 자원이 별로 없다.

어쨌거나 모두가 빌 게이츠일 수는 없는 노릇이니, 당신은 그냥 엉망진창인 지금의 상황을 수습할 수 있게 도와주기만 하면 된다고, 그러고 나면 자신도 남들을 위해 뭔가를 바꾸겠다고 말하고 싶을 것이다. 하지만 다른 사람들 또한 그렇게 생각하며 아무것도 하지 않고 있다.

아무리 많은 돈과 찬사를 받는다고 해도 실제로 타인과 세상에 영향력을 미치는 사람이 누리는 풍요로움을 대체하지는 못한다. 이는 단순히 영향을 주기만 하는 것이 아니라 그 영향 자체가 되는 것이다. 완벽해야 하는 것은 아니다. 중요한 것은 이 게임, 그러니까 기여라는 게임에 참여하는 것이다. 이기기도 하고 지기도 할 것이며, 생존이라는 거미줄에 걸려 옴짝달싹 못 하다가 또 더 큰 무언가에 눈을 뜨기도 할 것이다. 당신은 이 게임을 몇 번이고 하게 될 것이다. 매일매일, 하고 또 하게 될 것이다.

여러분을 내려다보면서 하는 말이 아니다. 여러분에게 죄책감이나 수치심 같은 것을 불러일으키려는 의도도 아니다. 사람들은 내 마음에 들지 않거나 동의하기 어려운 내용에 맞닥뜨릴 때 손쉽게 그런 카드를 꺼낸다. 여러분이 이 책을 읽고 있다는 것은 만족할 만한 삶을 살고 싶어서다. 그렇지 않은가? 좋다. 그렇다면 당신은 내가 찾던 독자가 맞다. 이게 바로 마음이 충족되고 행복한 삶을 살고 싶은 사람이 감수해야 할 노력이다. 다른 방법은 없다.

그렇다면 당신의 목표인 그 스포츠카, 그 사업, 그 관계는 포기해야 한다는 말일까? 아니다. 그런 것들 역시 그대로 목표로 삼고 가도 된다. 그러나 의미 있는 일을 중심으로 삶을 정비하기 시작하면 당신이 누구인지 아는 삶을 살게 될 것이다.

문제가 있어도 행복할 수 있다, 둘은 함께 갈 수 있다

원초적인 욕구나 바람, 욕망에서 부지런히 눈을 돌리고, 두려움과 실패를 치워두고, 성공을 얻거나 고통을 피하려는 집착을 멈추고, 세상으로 나아가 당신이 늘 되고 싶었던 그 사람이 되려면 이게 필요하다. 그래야만 당신이 변화 자체가 되어 모든 대화와 소통에 진심을 다할 수 있다.

주위를 둘러보라. 당신과 삶을 공유하는 사람들에 관한 불평과 뒷말을 늘어놓을 게 아니라, 그들은 어떻게 지내고 있는지를 살펴라. 당신의 배우자, 가족, 친구, 직장 동료, 옛날 동창, 이웃, 매일 커피를 만들어주는 스타벅스 바리스타, 택시 운전사, 고객센터 직원은 안녕한가?

당신은 그들에게 어떤 사람인가? 매일같이 반복되는 시시한 잡담 속에 그들의 체념과 냉소주의를 재확인시켜주는 사람인가? 아니면 그들의 세상을 더 좋은 쪽으로 바꿔주는 사람인가? 당신은 어떤 기여를 하는가? 당신은 어떤 모습을 보이는가?

지금 당신은 어떤 기여를 하고 있는가?

가장 먼저 나오는 답이 당신이 하는 일에 대한 변명이나 설명, 정당화라면 당신이야말로 내가 이런 얘기를 하고 있는 이유를 증명하는 전형적인 사람이다. 만족과 성취, 행복이 있는 삶의 비결은 '남들을 위해 당신은 어떤 사람인가'를 중심으로 삶을 꾸리는 것이다. 당신의 마음속이나 영혼에 있는 블랙홀을 메워보려는 무의미한 시도로 시간을 낭비하다가, 당신의 어려움에 관해 불평을 늘어놓을 작은 집단을 찾아내서 와인 한 잔(혹은 열 잔)을 함께 나누고 헤어지면, 모두가 조금은 더 행복해지지만(혹은 알딸딸해지지만) 아무도 바뀌지 않는 그런 삶 대신 말이다.

지금이야말로 여러분이 스스로에게 진실을 말할 기회다. 친절이나 이해를 마음속에 새기고 하루를 시작하는 경우가 얼마나 잦은가? 생활하면서 일부러 주도권을 의식적으로 행사하는 경우가 얼마나 흔한가? 심지어 그럴 때조차 남들이 어떤 일을 하거나 하지 않아서 혹은 무작위로 우연히 일어난 어느 사건이 내 의욕에 찬물을 끼얹어서 금세 자아를 내어준 적은 또 얼마나 많은가?

몇몇 사람이 나를 좋아하게 만들기는 쉽다. 해적들이 낄 법한 은반지를 끼고 100달러짜리 지폐 다발을 흔드는 모습을 보여주거나, 공업용품처럼 튼튼한 스판덱스로 만든 요가복에 어떻게든 엉덩이를 구겨 넣는다면 인스타그램에 '좋아요'가 폭발할지도 모른다. 하지만 그것으로 마음의 평화를 얻거나 당신이 될 수 있는 가장 훌륭한 사람이 되는 행운은 일어나지 않는다.

당신한테는 문제가 있다고? 안 그런 사람이 어디 있는가? 그런 걸 사람들은 '살아 있다'고 한다. 당신에게는 늘 한두 가지 이상의 문제가 있을 것이다. 문제를 없애야 하는 것으로만 여긴다면 당신은 끝내 행복해지지 못할 것이다.

"당신한테는 문제가 있다고?
안 그런 사람이 어디 있는가.
그런 걸 사람들은 '살아 있다'고 한다."

언제나 또 다른 문제가 당신을 기다릴 것이기 때문이다.

문제가 있어도 행복할 수 있다. 둘은 함께 갈 수 있다.

이 책으로 당신의 삶이 조금이라도 달라지려면 관점을 완전히 바꿔야 한다. 마음을 열고 당신이 정말로 유일무이한 존재라고, 쉽고 전형적인 길이 아니라 옳은 길을 가겠다고, 본인의 신념에 진실하겠다고 생각해야 한다. 호감을 얻기 위해, 받아들여지기 위해, 남들과 어울리기 위해 당신을 왜곡하거나 끼워 맞추거나 망가뜨리지 말아야 한다. 있는 그대로의 자신이 되어야 한다.

당신은 기존의 삶보다 더 큰 삶을 사는 데 온 힘을 쏟아야 한다. 삶을 까마득히 높은 상공에서 내려다보면서 뭐라고 불평하는 따분한 평론가나 관찰자나 피해자가 될 일이 아니라, 삶 자체의 원천이 되어야 한다.

쑥덕대는 구경꾼까지
신경 쓸 시간이 내겐 없다

남들이 나를 어떻게 생각하는지 손톱만큼도 신경 쓰지 않는 데는 이유가 있다. 간단하다. 감정이나 두려움을 느끼지 못하는 로봇이어서가 아니라, 그냥 나는 전혀 다른 무언가에 푹 빠져 있기 때문이다. 나는 구경꾼이 아니라 게임 자체에 몰두한다. 나는 이 게임에 열정과 생각, 아이디어, 나 자신을 쏟아붓는다. 나는 관찰자들을 봐도 화가 나지 않는다. 당연히 그들이 있으리라 생각하기 때문이다. 궁극적으로 그들은 나에게 아무런 영향도 주지 못한다.

나는 타인에게 도움이 되려고 노력한다. 내가 무슨 고고하고, 인심 좋고, 깨우친 특별한 사람이어서가 아니라, 그저 훌륭한 삶을 살겠다고 결심했기 때문이다. 그리고 내가 아는 한 훌륭한 삶을 사는 가장 확실한 방법은 바로 타인을 위해 사는 것이다.

그럼에도 불구하고 한편으로는 나 역시도 살면서 누군가에게 속아 넘어간 적이 여러 번 있다. 어쩌면 그런 경우가 많았을 수도 있다. 하지만 나의 모든 노력과 관심의 초점은 '가능한 것'에 집중되어 있다. 항상, 매번 그렇다. 나는 지나간 일보다는 앞으로 다가올 일에 훨씬 크게 매료된다. 여러분도 그래야 한다.

나는 의식하고, 책임지며, 무엇보다 모든 것을 걸 줄 안다.

여러분도 주변에서 일어나는 모든 일에 좋은 영향을 미치는 이 게임에 동참하면 좋겠다. 세상과 단절된 채 고고하게 혼자 살아가는 사람들은? 그냥 지나친다. 다음으로 넘어간다. 거기까지 신경 쓸 시간이 내겐 없다.

당신이 왜 이 게임에 동참해야 할까? 할 수 있기 때문이다. 당장, 지금 바로, 지금 이 순간, 할 수 있기 때문이다.

제발, 스스로 당신이 확인하고 싶은 바로 그 변화가 돼라. 사랑이 부족하다면? 사랑이 돼라. 소통이 없다면? 소통이 돼라. 이해나 우정, 수용이 필요하다면 당신이 더 큰 사람의 면모를 보일 차례다. 이걸 무슨 전략을 짠다거나 어떤 대가를 바라서는 안 된다. 평가질도, 변명도, 남 탓도 그만둬라. 그냥 보여줘라.

때로는 자신을 삶의 중심에 놓지 않을수록 당신은 오히려 더 잘 살게 될 것이다. 언뜻 말이 안 되는 소리처럼 들리는 것을 안다. 살아남아야 한다는 생각에 너무나 단단히 얽매인 나머지, 무언가를 놓아주기를 질색하는 사람도 있다는 것을 안다. 하지만 바로 그거다. 당신의 고민보다 더 큰 사람이 되어야 한다. 당신의 걱정이나 불안보다 더 큰 사람이 돼라. 그렇게 되려면 당신이 가진 영향력에 주목해야 한다. 당신이 얼마나 많은 것을 바꿀 수 있는지 그 가능성에 주목해야 한다.

언젠가 나보다 훨씬 똑똑한 사람이 이런 말을 했다. "내가 당신 대신 오줌을 누어줄 수는 없다." 당신에게도 마찬가지다.

내가 당신을 억지로 행동하게 만들 수는 없다. 내가 당신 대신 그 중독을 끊어내줄 수는 없다. 당신은 자기 자신에게, 여러 문제에 그리고 그 공상에 중독되어 있다. 삶이 어딘가 멀리에 있다고 착각하며 정작 당신이 존재하는 이

귀중한 순간들을 자기 연민 속에 낭비하고 있다. 헛되이 무언가를 끝없이 찾아다니고 있다. 당신은 이미 당신이 찾는 바로 그것인데 말이다.

똑딱똑딱, 시간은 흐르고 있다. 어제보다 오늘 당신의 시간은 줄어들었고, 내일도 마찬가지일 것이다.

내 손을 잡아라. 이리로 넘어오라. 이 게임에 뛰어들어라. 변화를 만들어라. 더 빨리, 더 열심히 참여하라. 당신이 가진 모든 것을 걸어라. 그리고 내일은 또 일어나서 다시 하라. 또 다시 하고, 다시 하라. 당신은 이 모든 것을 하면서도 목표를 세우고, 루틴을 다듬고, 살을 빼고, 금전 상황을 개선하고, 사업을 차릴 수 있다.

엉망진창인 당신의 상황이 나아져야만 세상으로 눈을 돌릴 수 있는 게 아니다. 둘 다 할 수 있다. 그리고 오히려 그게 당신에게 활기를 불어넣고 생기를 더할 것이다.

역사는 이 게임을 했던 사람만 기억한다. 제일 좋은 자리에 앉았던 사람을 기억하는 게 아니다. 많은 사람들이 그 점을 이미 알고 있으면서도 '언젠가는' 이 게임에 동참하리라는 생각에 빠진 나머지, 지금 당장 게임에 참여할 수 있는 기회를 붙잡지 못한다.

이 책이 여러분의 기회다. 오늘, 바로 지금이다. 나중은 없다. 게임에 뛰어들어라.

옮긴이 이지연

서울대학교 철학과를 졸업 후 삼성전자 기획팀, 마케팅팀에서 일했다. 현재 전문 번역가로 활동 중이다. 옮긴 책으로는『시작의 기술』,『내 인생 구하기』,『인간 본성의 법칙』,『위험한 과학책』,『제로 투 원』,『돈의 심리학』,『수도자처럼 생각하기』,『스토리의 과학』,『룬샷』,『아이디어 불패의 법칙』,『만들어진 진실』,『인문학 이펙트』,『리더는 마지막에 먹는다』,『평온』,『다크 사이드』,『포제션』,『내가 사랑했던 모든 남자들에게』외 다수가 있다.

나는 인생의 아주 기본적인 것부터 바꿔보기로 했다

초판 1쇄 발행 2021년 11월 5일
초판 4쇄 발행 2022년 5월 2일

지은이 개리 비숍 **옮긴이** 이지연

발행인 이재진 **단행본사업본부장** 신동해
편집장 김예원 **책임편집** 윤진아
디자인 thiscover.kr **마케팅** 최혜진 최지은 **국제업무** 김은정
홍보 최새롬 **제작** 정석훈

브랜드 갤리온
주소 경기도 파주시 회동길 20
문의전화 031-956-7421(편집) 031-956-7127(마케팅)
홈페이지 www.wjbooks.co.kr
페이스북 www.facebook.com/wjbook
포스트 post.naver.com/wj_booking

발행처 ㈜웅진씽크빅
출판신고 1980년 3월 29일 제 406-2007-000046호
한국어판출판권ⓒ ㈜웅진씽크빅, 2021
ISBN 978-89-01-25389-3 03320